Catalogage avant publication de Bibliothèque et Archives nationales du Québec et Bibliothèque et Archives Canada

Seydoux, Éric

Méditer les mains dans les poches

ISBN 978-2-89662-288-7

1. Méditation. I. Titre.

BF637.M4S49 2013 158.1'2 C2013-941453-3

Édition
Les Éditions de Mortagne
C.P. 116
Boucherville (Québec) J4B 5E6
Tél. : 450 641-2387
Téléc. : 450 655-6092
Courriel : info@editionsdemortagne.com

Illustrations en couverture
© 123RF – Pavel Timofeev / © iStockphoto – Julos

Illustrations intérieures
© 123RF – Marina Zlochin, Pongsuwan Pancharoensak

Dépôt légal
Bibliothèque et Archives Canada
Bibliothèque et Archives nationales du Québec
Bibliothèque Nationale de France
3e trimestre 2013

ISBN 978-2-89662-288-7
ISBN (epub) 978-289662-290-0
ISBN (epdf) 978-289662-289-4

3 4 5 6 7 – 14 – 18 17 16 15 14

Imprimé au Canada

Nous reconnaissons l'aide financière du gouvernement du Canada par l'entremise du Fonds du livre du Canada (FLC) et celle du gouvernement du Québec par l'entremise de la Société de développement des entreprises culturelles (SODEC) pour nos activités d'édition. Gouvernement du Québec – Programme de crédit d'impôt pour l'édition de livres – Gestion SODEC.

ASSOCIATION NATIONALE DES ÉDITEURS DE LIVRES

Membre de l'Association nationale des éditeurs de livres (ANEL)

Eric Seydoux

Méditer les mains dans les poches

LE MANUEL INCONTOURNABLE

ÉDITIONS DE MORTAGNE

introduction

Parti de rien, je ne suis arrivé à rien. Mais, tout seul.

GROUCHO MARX

J'ai toujours affirmé à mes élèves que toutes les connaissances nécessaires à la méditation pouvaient tenir sur une seule page. Que l'essence de la méditation est toujours la même, quelle que soit la méthode utilisée pour la mettre en pratique.

Le maître zen donna cette définition : « Juste s'asseoir. » Voilà. Simple, non ? On peut estimer raisonnablement qu'on sera bien obligé de se tenir dans une posture confortable et stable et qu'on devra respirer de façon détendue. Ça devrait suffire comme explication. Et pourtant, pour qui s'est essayé à cet exercice, c'est justement à ce point que les ennuis commencent. Et c'est ce qui remplit des milliers d'ouvrages depuis des siècles.

De fait, tous ces enseignements ne parlent pas tant de méditation que des innombrables tourments de notre vie agitée, de ce qui, justement, nous empêche de méditer, comme qui dirait, les doigts dans le nez.

Méditer est extrêmement simple. C'est nous qui sommes compliqués. Paradoxe. Si on veut être honnête, voir et accepter toutes les facettes d'une vie d'être humain, on ne peut pas échapper aux paradoxes. La vie n'est pas ou simple ou compliquée, la vie est illimitée. La méditation, dans sa simplicité – qui n'exclut pas une incroyable complexité –, nous permet d'expérimenter l'essence même de la vie, de nous connecter à sa source. C'est simple et c'est vertigineux.

1re partie

LA MÉDITATION

Pas du tout ce que vous pensez.

Les mots seuls ne peuvent rendre pleinement compte de l'expérience même de la méditation. Ils sont principalement des panneaux indicateurs. Il ne s'agit pas d'une connaissance théorique de plus, à laquelle on pourrait avoir recours plus tard en cas de problème, ou pour briller en société. Il ne s'agit pas d'une croyance à laquelle adhérer, même si ses principes généraux ont été souvent observés dans le courant d'une tradition ou d'une religion. Il s'agit d'une connaissance à intégrer, d'un état de conscience qui doit être vécu pour être compris. C'est comme la natation. On pourra lire tous les ouvrages les plus pointus sur la question, il y a un moment où il faut entrer dans l'eau, et nager. Quelles que soient les spéculations intellectuelles les plus brillantes engrangées sur le sujet, il y a peu de chances qu'elles nous servent à ce moment-là.

La méditation est une pause délibérée. Une présence souriante accordée au moment présent. Ici et maintenant, je suis ce que je suis.

Bon, d'accord, c'est un peu abstrait, dit comme ça. La méditation est avant tout une expérience. L'expérience de la présence de la Vie infinie qui se déploie en soi. Elle se pratique, elle se vit. Dans son corps, dans son cœur. Et, pour une fois, vous êtes le seul acteur et spectateur de ce qui se passe. Vous n'avez de comptes à rendre à personne. Il n'y a plus de juste ou de faux, il n'y a que « ce qui se passe », au-delà de tout jugement. La méditation est un entraînement à l'art d'Être.

POURQUOI MÉDITER ?

Si je ne suis pas heureux maintenant, alors quand ?

— Hé, salut ! Ça va ?

— Ça va, ça va.

— Et ton fils, toujours au chômage ?

— Oui, toujours, mais maintenant il médite.

— Médite ? C'est quoi, ça ?

— J'en sais rien, mais c'est toujours mieux que de rester assis à rien faire.

Les motivations pour se lancer dans cette aventure peuvent être aussi nombreuses que variées, mais, fondamentalement, on recherche la connexion avec notre vraie nature, et cette nature est la Paix.

Je ne vous apprends rien si je vous dis que la vie est un formidable maelström d'expériences les plus diverses, des plus grandes joies aux plus grandes épreuves. C'est peu de le dire. Au milieu de cette course qui paraît sans fin et sans but véritable, nous cherchons à être heureux. Et nous cherchons un sens à notre vie, dans ce corps, sur cette terre. Nous aimerions même savoir qui nous sommes.

Même si ces étiquettes nous aident à communiquer, nous ne sommes pas un nom, une nationalité, ni nos parents, ni nos études, ni notre village. Nous ne sommes ni notre métier (eh non) ni notre voiture. Ni même nos passions ou nos amis. Et pas plus sommes-nous nos croyances ou nos connaissances. Et, par-dessus tout, nous ne sommes pas ce flot incessant de pensées dans notre tête.

La plupart de nos problèmes ont leur source dans notre façon de penser. Il est illusoire de croire qu'en gardant la même façon de penser, on va pouvoir les résoudre avec l'esprit même qui est à l'origine de ceux-ci. Pour espérer un changement, il faut créer un hiatus dans ce processus, débrayer le pilotage automatique, passer du mode « faire » au mode « être ».

Dans nos activités quotidiennes, nous passons beaucoup de temps à gagner du temps tout en réglant des situations appelées problèmes. Ce faisant, nous créons de nouvelles situations que nous appelons opportunités qui, à leur tour, deviennent sources de « nouveaux » problèmes. Cette façon de fonctionner, qui est la norme, génère une multitude d'automatismes que nous appellerons alors productivité, efficacité. C'est, schématiquement, le mode « faire ». Nul doute qu'il est applicable et efficace pour de nombreuses tâches, mais, pour ce qui est de répondre à notre soif d'absolu, il sera surtout source de frustration.

Si nous voulons savoir qui nous sommes et ce que nous faisons sur cette merveilleuse planète, il faut utiliser d'autres outils, ouvrir d'autres portes. Ces outils ne sont pas du ressort de la pensée. Pour qu'on puisse accéder à ces informations, à cette connaissance, il sera même nécessaire que cette pensée cède le pas à l'expérience. À l'expérience d'*être*.

C'est l'invitation faite dans cet ouvrage, qui n'a d'autre ambition que de vous amener au seuil de cette expérience.

La méditation ne remplace pas la vie. Elle ne nous protège pas des drames. Par contre, elle nous permet de participer, de façon consciente et entière, à l'aventure de notre vie. Non plus comme une victime plus ou moins consentante, mais comme un acteur important et privilégié. Et ça fait une sacrée différence.

La pratique régulière de la méditation nous permet d'une part de découvrir qui nous sommes vraiment, d'accueillir nos petits travers quotidiens comme de découvrir les infinies possibilités de notre Être. Elle permet d'autre part de pacifier notre mental en effervescence. Faire la paix en nous-mêmes est le seul moyen de trouver la paix sur cette terre. Je répète : faire la paix en nous-mêmes est le seul moyen de trouver la paix sur cette terre.

Plus concrètement, la concentration s'améliore, le sommeil est de meilleure qualité. Nous devenons plus calmes, plus lucides, bienveillants avec nous comme avec les situations et les gens que nous rencontrons. Sans perdre notre sens critique, nous jugeons moins, nous accueillons plus. La vie devient plus vaste, plus riche. Nous sommes pleinement vivants.

S'asseoir, respirer en conscience change – vraiment – une vie.

2e partie

Vous êtes ici pour permettre à la mission divine de l'univers de se déployer. Voilà à quel point vous êtes important !

ECKHART TOLLE

L'EAU

Rappelez-vous les graphiques du cycle de l'eau, à l'école. J'adorais ce panneau. La pluie qui tombe, la rivière qui descend des montagnes dans le fleuve qui, lui, rejoint la mer, tout en bas, à gauche. Le soleil fait évaporer l'eau, qui redevient nuage. Et c'est reparti pour un tour. Ce qu'on oubliait de nous expliquer, c'est notre participation à tout ce phénomène extraordinaire.

La même eau depuis des millénaires. Elle voyage sans se lasser à travers le monde. Nous aussi, comme les animaux et les plantes, buvons de l'eau, plus ou moins pure ou contenue dans nos aliments quotidiens. Les particules présentes dans chaque goutte d'eau participent depuis toujours à l'élaboration de nos cellules. Telle la pluie du graphique, l'eau s'écoule dans notre système digestif, puis dans le sang et la lymphe, comme autant de sources, de ruisseaux et de rivières. Elle se répartit et s'infiltre dans tous les organes, visitant les sommets comme chaque forêt, chaque mare mystérieuse, chaque fissure, pour enfin ressortir et continuer sa course sans fin.

Dans notre corps, nos vibrations, nos émotions sont emmagasinées par l'eau comme autant d'informations et de connaissances. Nous rejetons cette eau ainsi chargée dans nos urines, mais aussi dans notre transpiration. Elle repart plus loin dans les airs et dans les eaux, visiter d'autres lieux, d'autres corps, végétaux, animaux ou humains, en un mouvement d'échanges perpétuels. Ainsi sommes-nous liés depuis toujours à toute la création. N'est-il pas juste incroyable de réaliser que la composition de l'eau des océans est la même que celle du liquide amniotique dans lequel nous avons grandi dans le ventre maternel ? Que notre corps contient de l'eau dans les mêmes proportions que notre planète Terre ? Comment ignorer notre parenté ? Comment a-t-on pu nous faire croire que la prochaine déclaration d'impôt est plus importante et plus urgente dans notre vie que la conscience d'un tel miracle ?

Ouvrons nos yeux, ouvrons notre cœur, mettons-nous à l'unisson.

L'AIR

Tout comme l'eau, l'air est présent sur cette terre depuis bien plus longtemps que les êtres humains. Comme elle, il voyage sans cesse d'une créature à l'autre, porteur de vie et d'informations. L'air que nous respirons en ce moment même est déjà passé dans les poumons de milliards de créatures, d'humains comme d'animaux et de plantes. Encore une fois, comme l'eau, l'air nous relie et nous rassemble dans une grande respiration cosmique. Dans une mesure qu'il nous est difficile d'appréhender entièrement avec notre seul intellect. La pratique de la respiration en conscience nous permet d'entrer en contact avec ce miracle de façon progressive.

Là aussi, comme l'eau, l'air est porteur de nos émotions, de notre vécu. Nous respirons tous le même air, quelles que soient nos opinions politiques ou nos classes sociales. L'égalité absolue. Nous échangeons, sans en être conscients, les émotions les plus intimes en permanence. Nous sommes liés à un point que nous n'imaginons même pas.

Nous pouvons imprégner l'air que nous restituons aux autres d'émotions négatives ou, au contraire, consciemment, y mettre de la paix et de l'harmonie. Ainsi sommes-nous responsables de notre partie, de ce que, modestement mais sûrement, nous avons apporté à l'ensemble. Nous avons ainsi tous voix au chapitre.

LE CORPS

Bien avant d'apparaître au grand jour, notre corps et nous sommes intimement liés. Dès la division de la première cellule, à une vitesse phénoménale et selon des instructions extrêmement précises, les éléments se sont organisés pour nous offrir le corps parfaitement adapté à cette aventure d'une vie humaine.

Quels que soient ses défauts apparents, qui sont d'ailleurs autant de messages essentiels à notre croissance, ce corps est notre allié, notre plus proche et meilleur ami. Personne ne nous connaît de façon aussi précise, aussi intime. Dès le tout début de cette histoire, chacune de nos pensées, de nos émotions, il les a vécues, imprimées dans sa chair. Il n'y a rien dont il n'ait pas été le témoin, l'auteur ou la victime. Il a participé à chacune de nos victoires, comme à nos moments de honte les plus secrets. Même dans notre sommeil, alors que notre esprit conscient est en mode « pause », dans nos rêves les plus profonds, il est là, entièrement présent. Et pour cause.

Dans notre esprit imprégné des concepts chrétiens tout autant que cartésiens, notre conscience est une vague entité, une « petite lumière » logée quelque part, dans un corps qui nous sert uniquement de véhicule. On l'a imaginée dans le cœur, puis dans le cerveau, voire dans le hara. Bien sûr qu'elle y est, dans le cœur, le cerveau, le hara ! Elle y est, comme elle est tout simplement dans le corps tout entier, partout, dans chacune de nos cellules. La conscience est partout, à l'origine de tout, contenu et contenant ; pourquoi en serait-il autrement avec notre corps ? Nous savons aujourd'hui que les cellules communiquent entre elles instantanément et en continu, au rythme de quelque cent mille échanges par seconde. Oui, lorsque je me tape le petit orteil au pied du lit, mes poils de nez sont au courant. (« Ouaaah, désolé, mon vieux !... ») Oui, quand je décide que je suis sexy, mon corps devient sexy. Tout est lié. Notre esprit, notre corps, nos pensées, nos croyances, nos émotions. Pourquoi attendrait-on moins que ça d'une créature divine ? L'âme, l'esprit, la conscience, Dieu, le corps, la matrice, même chose. Ils sont faits de la même substance, de la même énergie, participent à la même création. Il n'est rien que les autres ignorent. Tout est lié.

En plus, le corps ne juge jamais nos décisions ou nos choix, quels qu'ils soient. Ensemble et solidaires, pour le meilleur et pour le pire. Peut-on rêver d'un meilleur ami ? Malgré ça, comme souvent avec les meilleurs amis, justement en raison de cette proximité extrême, on ne s'en occupe guère, sauf quand il ne fonctionne plus comme on estime qu'il le devrait. Et pourtant, même là, sa fidélité est sans faille. Le moindre de ses gargouillis, pour peu qu'on y soit sensible, est un message qui nous est destiné. Évidemment, encore une fois, il faut s'arrêter. Écouter. Ressentir. En prêtant attention assez tôt à ces signaux et en réajustant la situation, on peut retrouver l'équilibre et l'harmonie. Des ouvrages très bien faits existent aujourd'hui pour nous donner des pistes à observer, mais quelques règles de simple bon sens nous permettent d'éviter le pire tout en développant et en cultivant notre ressenti.

Le corps a besoin de repos

Un sommeil de qualité est essentiel. Prenez le temps de vous procurer un bon lit, de vous installer un lieu sain et harmonieux pour y passer vos nuits. Vous allez y passer un tiers de votre vie, ça mérite réflexion. Évidemment, pas de téléviseur, d'ordinateur, ni de téléphone portable dans cette pièce. Je ne parle même pas de wi-fi. (Si, si, c'est possible…) Tous les lieux, anciens ou neufs, sont chargés de leur propre histoire, des pensées, des actions, des vies de tous ceux qui y ont vécu ou y sont passés avant vous. Le terrain, les murs, comme les espaces, en sont imprégnés. Si vous avez de la peine à vous endormir, ou si vous vous réveillez fatigué, la visite d'un bon géobiologue est plus que conseillée. Les bons se reconnaissent facilement : ils ne sont pas cher et ils ne vous vendent rien, ne vous installent aucun appareil bizarre, si ce n'est une pierre dans le jardin si nécessaire. Une bonne nuit de sommeil signifie le repos du corps, mais aussi son réalignement avec l'âme. On se reconnecte, on s'ouvre à ses messages. La technique du scannage corporel, décrite plus loin, est un exercice idéal en cas de problème de sommeil ou simplement pour améliorer celui-ci.

Durant la journée aussi, il faut savoir s'accorder des pauses. Ce n'est pas tant une question de temps que de qualité. Un petit coup de barre, une contrariété? On s'arrête. Qu'on soit debout ou assis, on se recentre, on respire profondément, consciemment. Trois, quatre fois ou plus. On relâche ses tensions dans le sol. On met les compteurs à zéro. Présent dans le présent. Deux minutes suffisent, mais quel changement!

Le corps a besoin d'une nourriture vivante

Dans l'absolu, notre corps peut très bien vivre de prana, d'énergie, la nourriture n'étant qu'un support matériel de cette même énergie. En attendant ce jour, essayons au moins de ne pas confondre notre corps avec une poubelle. Il ne s'agit pas de devenir fanatique ou d'adopter un régime extravagant ou contraignant; cependant, il ne viendrait à personne l'idée de mettre de l'huile de vidange dans le réservoir de sa voiture et d'en attendre des merveilles. Observez ce que vous mettez d'abord dans votre panier et ensuite dans votre assiette. Achetez des produits de saison, avec un minimum d'emballages, cultivés dans le respect des personnes et de la nature. Mangez tranquillement, consciemment. Si vous n'avez pas le temps, prenez-le. Si vous ne le faites pas, qui le fera pour vous ? N'oubliez pas que de pouvoir manger fait de vous un être privilégié. Sans faire de chichis, appréciez ce que vous mangez. Cela vous convient-il ? Êtes-vous en paix avec votre façon de nourrir votre corps ? Parfait. En méditation, on se rend vite compte de l'impact de nos repas sur la pratique et des changements à apporter si nécessaire.

Le corps a besoin d'exercice

(*Vous aurez remarqué que je n'ai pas mentionné le terme « sport ».*) C'est une question de simple répartition d'énergie, et aussi de plaisir. Le cerveau a besoin d'être stimulé pour bien fonctionner, pour être créatif. Mais il peut aussi être saturé si les activités intellectuelles ou des soucis prennent le dessus trop longtemps. On se déconnecte alors de la terre, on perd son ancrage. À la longue, on s'enferme littéralement dans sa tête. Il faut évacuer le trop-plein, ouvrir les vannes sans attendre. Alors on danse, on fait les fous ! Ou on sort, on fait une balade, « on se vide la tête ». ET ON RESPIRE !

Là encore, si on lui en donne l'occasion, le corps connaît son affaire, il sait comment réharmoniser tout le système en une quinzaine de minutes. Bougez, respirez en profondeur et allez saluer les arbres du quartier. Ils seront très contents de votre visite.

L'ANCRAGE DANS LE PRÉSENT

Le meilleur moyen de rester ancré quelle que soit la situation est de garder présente cette conscience du corps, de l'intérieur, autant que possible. À travers toutes les activités courantes de la journée. Se lever, se laver le visage, les mains, par exemple. Soyez tout entier présent à ces sensations. La chaleur ou la fraîcheur de l'eau, l'onctuosité du savon, le contact avec le linge, vos mouvements, votre posture, etc. Vous n'avez pas besoin d'en faire tout un tralala, soyez juste à ce que vous faites aussi intensément que possible : c'est votre vie qui est en train de se dérouler ! Pas demain, pas une fois que vous aurez fait ceci ou cela, mais aujourd'hui même, en cet instant précis. Le trajet de marche qui vous amène au travail n'est pas moins riche en découvertes et en perceptions que la balade que vous projetez de faire ce week-end. Il recèle des trésors pour peu que vous soyez ouvert et réceptif. Ces sensations vous sont offertes tout au long de la journée, que vous soyez debout, assis, actif ou apparemment sans occupation. La température d'une pièce, les odeurs de la rue, vous êtes en permanence sollicité par l'extérieur, comme d'ailleurs par l'intérieur. Votre digestion, votre respiration, vos sentiments face à toutes les situations de la journée, et il y en a beaucoup. Autant d'occasions de vous connecter à votre corps, d'être présent à votre entourage, à votre vie.

Votre mental cherchera à vous retirer de cette perception directe et vous proposera de vous refaire le film de ce qui s'est passé avant votre départ, surtout si c'était négatif. Ou de ce qui vous attend, soi-disant, à votre arrivée au travail, comme si c'était en son pouvoir ! Ramenez simplement votre attention, encore et encore, à ce que vous sentez, voyez, en vous, autour de vous, comme dans la méditation marchée. Et, plus que tout, gardez présente votre perception de l'ensemble de votre corps, de sa vitalité. Ne *pensez* pas à ce que vous faites, *faites-le*, tout simplement, intensément.

Toute cette attention, cette présence vous ancre dans l'instant présent, vous connecte à la source de la vie, vous recharge en énergie plutôt que de vous en faire perdre dans des ruminations stériles et même destructrices, très souvent. Et, dans le présent, il n'y a pas de place pour la peur et l'anxiété, qui sont du ressort du futur, et pas plus de place pour les regrets ou la culpabilité, qui appartiennent au passé. De plus, chaque instant consacré au passé ou au futur diminue la qualité de votre expérience présente, qui, je vous le rappelle, est votre seule et authentique réalité. Dans le présent, vous êtes vraiment vous-même, vivant et plein d'énergie.

Un être humain équilibré est comme un arbre. Les jambes et les pieds plongeant dans la terre comme des racines puissantes, les bras tendus vers le ciel immense telles des branches avides de soleil. Ainsi aligné verticalement autant qu'horizontalement, on est alimenté en permanence et sans limites par l'énergie de l'univers. Elle circule de manière optimale par le haut comme par le bas, dans une respiration ample et facile, un échange constant et naturel entre l'extérieur et l'intérieur. Trop dans le mental ou trop dans la matière, on se coupe de la source, on se déconnecte, l'énergie est entravée, les blocages s'installent et se révèlent en autant de malaises, mal-être, maladies…

Comme notre Terre, le corps est un ensemble cohérent où toutes les parties sont liées. Comme elle, nous avons nos rivières (les veines, la lymphe), nos forêts (les poumons). Notre squelette comme autant de montagnes, de crêtes et de vallées. L'air qui entre et sort comme autant de brises légères et de tempêtes. Comme sur Terre, les multitudes de créatures, les cellules sont autant de familles, de tribus, de toutes les formes et de toutes les races, qui voyagent sans cesse, font du commerce, s'assistent les unes les autres ou se font la guerre. Les analogies entre l'infiniment grand et l'infiniment petit sont innombrables et flagrantes. Et nous voilà, nous, comme un lien privilégié entre ces deux univers.

« À chaque respiration, j'inspire et j'expire l'univers tout entier. » C'est pas rien.

ET DIEU DANS TOUT ÇA ?

Certains disent que Dieu existe.
Certains disent que Dieu
n'existe pas.
La vérité doit être quelque part
entre les deux.

W.B. Yeats

Au début est la Conscience. L'Unité, le non-manifesté, le champ unifié, la Source, Atman, Dieu. La nature de Bouddha, l'Être, la Présence, l'Alpha et l'Omega, la Vie…

Quels que soient les noms qu'on puisse lui donner pour tenter de s'en approcher, il s'agit de la même chose. Cette énergie est la source et l'essence de tous les univers visibles et invisibles, en perpétuelle création. Tout ce que nous connaissons, tout autant que tout ce que nous ne connaissons pas, provient de cette énergie, est fait de cette énergie. Dans des densités diverses, nous sommes faits de cette énergie, notre corps comme notre âme, notre esprit, nos émotions ou nos pensées. Le comprendre n'est pas du ressort de l'intellect, même le plus évolué. Comme on ne pratique pas la fission de l'atome avec une pelle et une pioche, on ne peut accéder à l'absolu qu'avec les outils appropriés : silence, présence, calme, ouverture, conscience claire, attention, intuition, éveil. Encore des noms pour tenter de décrire différentes facettes d'un seul et même état. L'état de la conscience qui fait l'expérience d'elle-même. Voilà. Ça en jette, hein ?

On pourrait s'étendre des heures encore et ce ne serait toujours que de la théorie, des concepts plus ou moins subtils. Qui a besoin de connaître la formule d'Archimède pour savoir nager ? Vous souvenez-vous de tout ce que vous aviez imaginé de l'amour avant d'avoir embrassé pour la première fois ? Rien de tout ce que nous avions pu lire ne pouvait nous préparer à ce cataclysme physique et émotionnel, et pourtant tous ces articles étaient écrits par des gens qui savaient de quoi ils parlaient. Enfin, je suppose.

Le gargouillis d'un ruisseau de montagne, le concert des cigales, le passage d'une étoile filante, le chat qui s'étire. Vous attendez un message, espérez des réponses d'un Dieu tout-puissant et apparemment trop souvent occupé ailleurs ? Regardez autour de vous, la création tout entière est le langage que Dieu a choisi pour dialoguer avec nous. Chaque fois qu'on est témoin de l'expression de la vie, le temps s'arrête, même un court instant, le mental se tait, on est complètement présent à ce qui est. Il n'y a que l'expérience directe qui puisse nous donner accès à cette manifestation de la vie.

En méditant, on prend la décision délibérée de s'ouvrir à cette rencontre. D'expérimenter, dans son corps, dans toutes ses cellules, l'essence et la présence de la Vie. On peut alors connaître véritablement et sans aucun doute, au-delà de toute croyance, la nature de l'absolu.

DE L'HUMOUR

Après tout, qu'est-ce que tu risques, il ne s'agit que de ta vie.

CLASSIQUE ZEN

Trois ascètes pratiquent la méditation, dans une grotte retirée. Un jour, on entend un bruit, à l'extérieur de la grotte.

Six mois plus tard, un des yogis dit :

— Vous avez entendu la chèvre dehors ?

Après une année de silence, le deuxième yogi répond :

— Ce n'est pas une chèvre, c'est un mouflon.

Deux ans plus tard, le troisième yogi :

— Si vous ne cessez pas tout de suite de vous disputer, je quitte cette grotte !

Conte bouddhiste tibétain

Ne prenez pas vos soucis tant au sérieux. Comme les pensées – parfois il est difficile de distinguer catégoriquement les uns des autres –, ils vont et viennent. Dès que vous aurez résolu un « problème majeur » qui demande qu'on s'en occupe toutes affaires cessantes, évidemment, un autre va pointer le bout de son petit nez. Une difficulté de second ordre, dont vous aviez très bien réussi à vous passer jusqu'ici, attend elle aussi de connaître son moment de gloire. Et, si votre mental n'a rien de mieux à se mettre sous la dent à ce moment-là, elle sera la star du jour. Ou du mois, ou de plusieurs années, si c'est ce que vous jugerez acceptable. Jusqu'à connaître l'oubli à son tour. Et tournez manège.

Sur votre coussin de méditation, vous aurez – maintes fois – l'occasion de voir le phénomène se reproduire. Une petite pensée de rien du tout, comme un mignon petit nuage dans un grand ciel bleu, la brise souffle, le nuage grossit, et bientôt l'orage éclate! Et, après la pluie... vient le beau temps. Si, au lieu de m'affoler, j'en avais profité pour admirer le spectacle qui s'offrait à moi? Et même, pourquoi pas, danser sous la pluie?

Bien entendu, il faut parfois une sacrée dose d'humour pour garder le sourire dans certaines situations que la vie semble nous imposer. Et tout autant de courage. Il y a des épreuves à traverser qui prêtent peu à la rigolade. J'en suis parfaitement conscient et il ne s'agit surtout pas de se mettre une pression supplémentaire. Mais si on profitait déjà des petits tracas quotidiens pour s'entraîner? Ce qui pouvait nous obséder jusqu'alors ne sera plus qu'une broutille, voire un sujet d'amusement.

Le temps passé à se ronger les sangs pour un oui ou un non peut engloutir la majeure partie de votre vie. Tout un temps que vous auriez pu passer à vous amuser.

N'oubliez pas : s'inquiéter, même avec raison, pour un problème n'a jamais *résolu* le problème. Comme on dit : soit le problème a une solution et il n'y a pas de problème, soit il n'a pas de solution et ça ne sert vraiment à rien de s'inquiéter, il faudra faire avec. On est bien d'accord, ce n'est pas la chose à dire à quelqu'un qui vient de crever un pneu au milieu de l'autoroute à l'heure de pointe, sous la pluie (alors qu'il est déjà en retard à son rendez-vous avec le dentiste). Chaque chose en son temps.

La bonne nouvelle, c'est que plus cette nouvelle attitude fera partie de vos réflexes, plus vous constaterez que les « problèmes » se font rares. À la place, vous découvrirez une foule d'occasions qui viendront s'offrir à vous pour améliorer votre vie. Vous pourrez alors, au lieu de subir les éléments extérieurs, entrer dans une phase de création positive. La même quantité d'énergie, le même processus de pensée sera alors au service de votre bien-être et de votre développement. Elle est pas belle, la vie ?

LE JUSTE EFFORT

> *Rien ne sert de tirer sur les brins d'herbe pour les faire pousser plus vite.*
>
> Proverbe Chan

Il y a des jours où tout semble aller de soi, et ces jours terribles où tout paraît demander un effort surhumain, pour un résultat décevant. Notre corps, comme la nature, suit ses propres cycles. Nous ne sommes pas des machines, n'en déplaise à l'industrie de la consommation, qui voudrait qu'on s'agite sans jamais s'arrêter. *Qui veut aller loin ménage sa monture*, et j'en passe.

Être à l'écoute de ses rythmes internes et de ses humeurs est capital. Si la méditation demande d'être attentif et alerte, elle exige aussi de la douceur. Dans votre pratique comme dans la vie courante, soyez doux avec vous-même.

Vraiment, rien ne presse.

– Parfois je rentre du travail agité, encore irrité de tout ce que je n'ai pas pu régler à ma façon durant la journée. Si j'essaie de méditer, c'est la catastrophe. Faut-il quand même insister ?

Est-ce que vous vous dites parfois : « Oh non, ce soir, je ne me brosse pas les dents, je suis bien trop énervé. » Je ne pense pas. Donc, dans ce sens, oui, quel qu'il soit, votre état intérieur sera la porte d'entrée parfaite pour votre méditation de ce jour en particulier. Quoi de mieux que d'aller voir votre irritation quand elle est présente ?

Maintenant, rien n'empêche d'être un peu malin et de savoir caresser son mental dans le sens du poil quand c'est nécessaire. Partez vous balader, courez, défoulez-vous ! Tout en marchant, restez en contact intime avec votre respiration, notez les différences dans l'effort, appréciez le retour du calme. Si vous restez bien centré tout le long, votre chemin peut se transformer en méditation marchée. Vous aurez fait d'une pierre deux coups !

DE L'IMPORTANCE DU CŒUR

Mains froides, cœur chaud!

PROVERBE QUÉBÉCOIS

Si la respiration est notre guide, notre baguette magique dans ce voyage immobile, le cœur est notre port d'attache, notre centre. Quand nos pensées et nos émotions nous font sortir de nous-mêmes une fois de plus, c'est là que nous ramenons notre attention. C'est de là, comme d'une grotte nichée dans la falaise surplombant l'océan, que nous admirons ce ciel bleu où elles se déploient, tels des nuages parfois menaçants, parfois juste distrayants. Le *cœur* de la pratique. Dans notre cœur, nous accueillons ce qui se présente, tout ce qui se présente à nous, pour le transformer en lumière et en amour. De notre cœur, nous envoyons nos offrandes de paix à toute la création.

Le cœur est un lieu de création d'une douceur et néanmoins d'une puissance inimaginables. L'intelligence du cœur est holistique. C'est avec le cœur et pas avec la tête que se passent le vrai dialogue et la cocréation avec l'univers. Lieu de guérison, refuge alchimique où se transmuent les énergies les plus sombres en pure lumière, ce sanctuaire est inviolable, inattaquable. Prenez le temps de l'explorer, de vous y installer régulièrement un peu plus, vous êtes ici chez vous, plus que n'importe où ailleurs.

LÂCHER-PRISE

Il y a une théorie qui stipule que, si quelqu'un découvrait le sens de l'univers, le pourquoi et le comment, eh bien, ce monde disparaîtrait instantanément et se transformerait en un monde encore plus bizarre et encore plus inexplicable. L'autre théorie dit que ça a déjà eu lieu.

Notion souvent galvaudée et pourtant centrale, le lâcher-prise commence dès qu'on accepte de regarder, et d'accepter la situation telle qu'elle est. Ce qui ne veut pas dire se résigner, mais admettre que, pour l'instant et jusqu'à preuve du contraire, la situation est ainsi. S'asseoir sur son coussin de méditation est déjà un lâcher-prise. Pour un moment défini, je dépose les armes.

Un autre aspect est celui de la moindre résistance. On peut pagayer à contre-courant dans la rivière, c'est du sport et c'est magnifique. On se bat, on joue avec des forces contraires, on essaie d'améliorer sa technique. Pour le plaisir… Par contre, si votre travail ou vos relations consistent à nager contre le courant, ça devient très vite épuisant. Peut-être ferez-vous des conquêtes, obtiendrez-vous des victoires, mais tôt ou tard le courant aura raison de vous. Et si vous laissiez le courant vous emporter? Là, confortablement installé dans votre joli canoë, au lieu de serrer les muscles et d'attaquer, vous pouvez relever la tête et admirer le paysage. Quand on cesse de résister à ce que la vie nous offre spontanément, on expérimente un grand bien-être, une légèreté qui ne dépend plus des circonstances extérieures.

Dans mes relations, tout au long d'une journée, je peux exercer le lâcher-prise. Les occasions sont innombrables. Dans chaque discussion, au lieu de réagir automatiquement avec une réponse toute prête (souvent même préparée avant que l'interlocuteur ait terminé), on peut prendre le temps d'une respiration. Accueillir ce qui a été dit. Accueillir ce qui n'a pas été dit. Est-ce que mon but va être d'avoir raison, ou est-ce que je pourrais juste me mettre à la disposition de la relation, de la situation ?

« Ah bon ? »

CONTE ZEN

Ce maître zen vivait dans une ville du Japon où on le tenait en haute estime. Un jour, la fille de son voisin tomba enceinte. Les parents de cette dernière se mirent en colère et exigèrent de connaître l'identité du père. La jeune fille leur avoua finalement qu'il s'agissait du maître. Très en colère, ils se précipitèrent chez lui en hurlant que leur fille avait avoué qu'il était le père de l'enfant. Il se contenta de répondre : « Ah bon ? »

La rumeur du scandale se répandit dans la ville et au-delà. Le maître perdit sa réputation et plus personne ne vint le voir. Mais cela ne le dérangea pas. Il resta impassible. Quand l'enfant vint au monde, les parents le lui amenèrent en disant: «Vous êtes le père, alors occupez-vous-en!» Le maître prit grand soin de l'enfant. Un an plus tard, sous le coup du remords, la jeune fille confessa à ses parents que le véritable père de l'enfant était le jeune homme qui travaillait chez le boucher. Alarmés et affligés, les parents se rendirent chez le maître pour lui faire des excuses. «Nous sommes réellement désolés. Notre fille a avoué que nous n'étiez pas le père.» La seule chose qu'il dit en rendant le bébé aux parents fut: «Ah bon?»

Le maître réagit de façon identique au mensonge et à la vérité, aux bonnes nouvelles et aux mauvaises nouvelles. Il permet à la forme que prend le moment, bonne ou mauvaise, d'être ce qu'elle est. Pour lui, il n'y a que ce moment, ce moment tel qu'il est. Les événements ne sont pas personnalisés et il n'est la victime de personne. Il fait réellement un avec ce qui arrive, et ce qui arrive n'a aucun pouvoir sur lui… Il a pris soin de l'enfant avec beaucoup d'amour. L'adversité se transforme en félicité grâce à son absence de résistance. Répondant encore à ce que le moment présent exige de lui, il rend l'enfant quand c'est le moment de le faire.

Imaginez un instant comment un ego «normal» aurait réagi au cours de ces divers événements.

3e partie

ET... DANS LA VIE DE TOUS LES JOURS ?

La vie n'a pas de sens, elle EST le sens

La méditation est aussi un entraînement. On apprend à se centrer, à se connecter à son corps et à son énergie vitale. On apprend aussi à accueillir des périodes difficiles de sa vie comme on accueille des moments de grâce insoupçonnée jusque-là. C'est une pause réparatrice, régénératrice.

Cette expérience va affecter, comme par capillarité, tous les autres aspects de notre vie. Toute notre relation au monde. Il fut un temps où les règles morales et religieuses suffisaient à nous garder *dans le droit chemin* et, ainsi, nous pouvions espérer vivre dans une certaine sérénité. Cet ancien paradigme, face à la complexité du monde actuel, ne fonctionne plus. Le bien et le mal sont des notions trop arbitraires et trop simplistes pour nous guider à elles seules dans la conduite de notre vie.

Par contre, en faisant ses choix quotidiens, on peut aller vers plus de paix dans sa vie ou on peut au contraire s'en éloigner. Être généreux et libre, ou enfermé dans la peur. Il y a toujours de la place pour plus de joie et plus de paix dans sa vie. Non ?

Si, comme je le mentionne plus bas, on peut méditer dans toutes les positions, il y a des règles universelles qui ont fait leurs preuves. Dans les chapitres suivants, j'aimerais en rappeler quelques-unes qui me tiennent à cœur.

VIVEZ EN PAIX AVEC LA CRÉATION

Voici mes principes. Si vous ne les aimez pas, j'en ai d'autres.

GROUCHO MARX

Oubliez tout ce que l'industrie agroalimentaire et les traditions ont pu vous raconter jusqu'à aujourd'hui encore. Non seulement vous n'avez pas besoin de consommer de la viande pour être en forme, mais en plus il s'agit d'un vrai poison dont vous nourrissez vos cellules. La pollution de l'eau et de l'air, la déforestation à grande échelle, le développement des OGM et de terres stériles, le tout saupoudré de vaccins, d'hormones de croissance, de pesticides à haute dose et j'en passe, c'est tout cela que vous ingérez. En plus, vous ingurgitez le stress, la peur et la souffrance que ces animaux ont connus durant leur «élevage».

Je sais que, pour la majorité des gens, c'est une pilule difficile à avaler (si on peut dire). Je vous invite à y réfléchir tranquillement. Est-ce une option envisageable et, sinon, pourquoi? Si vous voulez plus de vie dans votre vie, choisissez des aliments porteurs de vie et non de mort. Aujourd'hui comme jamais avant dans l'histoire de l'humanité, la variété des aliments est infinie. Pour le côté pratique, les protéines utiles se trouvent dans les légumineuses (pois, haricots, lentilles, fèves, tofu...), idéalement combinées avec les céréales. C'est vraiment pas plus compliqué que ça. Tous les sages que j'ai rencontrés étaient végétariens et en excellente santé. Si c'est bon pour eux, c'est bon pour moi.

Comme pour la production de viande, la culture des fraises, des tomates et des courgettes en hiver nécessite des quantités colossales de pétrole, d'engrais et de pesticides. Ces mêmes industries vont exploiter des mines gigantesques dans des pays du tiers-monde, sans aucun respect pour la nature. Nombre de ces pays connaissent des guerres ainsi que des catastrophes écologiques irréversibles, liées directement ou indirectement au pillage de leur sol. Là aussi, la pauvreté, la violence et la mort.

Choisissons de préserver la vie. Ce monde est le nôtre, il a besoin de notre protection, de notre amour, tout simplement. Soyons cohérents. Et, entre nous, une fraise au mois de juin a nettement meilleur goût, non ?

LA TENTATION DE LA PERFECTION

Heureux soient les fêlés, car ils laissent passer la lumière.

MICHEL AUDIARD

Une femme venue me consulter paraissait se trouver dans une impasse dans sa vie de famille.

— J'ai l'impression de toujours devoir faire le travail ingrat à la maison. Mon mari ne m'aide jamais, ou alors je dois tout refaire derrière lui, ce qui l'énerve. J'ai peur de lui laisser les enfants, j'ai l'impression qu'il ne saura pas s'en occuper correctement. Lui me reproche de ne pas lui faire confiance et de ne pas le laisser faire les choses à sa façon, ce qui le décourage. La tension entre nous est devenue constante, tout semble bloqué.

(Il ressort de notre dialogue que ses parents étaient très exigeants et jamais satisfaits de ses efforts pourtant constants.)

— La nécessité de la perfection est une quête sans issue ; vous, pas plus que les autres, ne correspondrez jamais à cet idéal. J'ai moi-même cru longtemps que la perfection était la condition incontournable d'une éventuelle « réalisation spirituelle », accordée en récompense de mes efforts soutenus. Celle-ci ne surviendrait qu'une fois que j'aurais satisfait à toutes les exigences morales, éthiques, intellectuelles, artistiques, et j'en passe. Autant dire que c'était pas dans la poche et qu'il y avait de quoi se faire du souci longtemps encore. Entre-temps, j'ai eu la chance de fréquenter bien des êtres « libérés », qui étaient des gens dotés d'autant de défauts que le premier venu. Quel soulagement quand j'ai enfin pris conscience que l'idéal n'était pas de l'ordre du moralement correct.

Il ne s'agit pas de devenir irréprochable. Si on regarde autour de nous, ceux que nous aimons le plus ont souvent touché notre cœur du fait même de leurs imperfections, de leur humanité. Les défauts qui vous irritent chez votre mari aujourd'hui sont très certainement ceux qui lui donnaient du charme à vos yeux au début de votre rencontre. Les gens parfaits ou considérés comme tels sont généralement enfermés dans un carcan de peurs et d'attente de reconnaissance qui exige d'eux un contrôle permanent sur leur environnement. Pour vous, cette obligation, imposée par vos parents, est devenue une habitude bien ancrée et vous espérez même pouvoir l'imposer à vos proches. Apparemment, votre mari n'a pas eu à subir cette manipulation de ses géniteurs et ne voit pas l'intérêt de commencer. Il a confiance en lui autant qu'en la capacité de débrouillardise de vos enfants. La perfection dont il est question ici est de trouver l'harmonie dans votre vie de famille, comme en vous-même évidemment. L'harmonie en tant qu'entité vivante que vous allez nourrir de votre lâcher-prise, de votre confiance en l'autre comme en l'univers qui veille sur vous tous. Si le prix à payer est un peu de relâchement dans les tâches domestiques ou dans la surveillance des enfants, c'est un excellent investissement.

Vous et vos enfants êtes en bonne santé et, d'après ce que vous m'avez confié, aucun différend majeur ne vous oppose. Détendez-vous, pensez à respirer, faites des pauses de silence pour vous recentrer. Vous ne devez plus rien à vos parents, il tient à vous aujourd'hui de ne pas transmettre de la souffrance inutile à vos enfants. Prenez du temps pour vous, autorisez-vous des plaisirs qui vous procurent de la joie, lâchez du lest, et profitez de la vie !

VOUS CRAIGNEZ DE MANQUER ? DONNEZ !

Dans la goutte que je suis,
l'océan entier trouve sa place.

CHRISTIANE SINGER

Une peur universellement répandue est celle du manque. Ne vous culpabilisez pas – *en plus !* –, ce manque nous vient à la naissance, nous en souffrons tous. Dès que le cordon a été coupé, la connexion directe avec la source a été interrompue, le manque est apparu. Nostalgie du paradis perdu, la condition d'être humain n'est pas facile à accepter d'emblée, les mains dans les poches. Manque de nourriture, d'argent, de sécurité, la liste est infinie. Manque d'amour, surtout. Ce sentiment de manque, qui est à l'origine de tellement de malheur sur cette terre, est pourtant une illusion.

« Ne vous inquiétez pas pour votre vie, de ce que vous mangerez, ou de quoi vous serez vêtus. La vie n'est-elle pas plus que la nourriture, et le corps plus que le vêtement ? Regardez les oiseaux dans le ciel : ils ne sèment ni ne moissonnent et n'amassent rien dans des greniers et pourtant votre Père céleste les nourrit. Ne valez-vous pas autant qu'eux ? Qui de vous, par ses inquiétudes, peut ajouter une coudée à la durée de sa vie ? Et pourquoi vous inquiéter pour vos vêtements ? Voyez comme croissent les lis dans les champs. Ils ne travaillent ni ne filent. Et pourtant aucun roi n'a jamais été vêtu comme l'un d'eux. Si Dieu revêt ainsi l'herbe des champs, ne vous vêtira-t-il pas ? Ne vous inquiétez donc pas. Toutes ces choses, votre Père céleste sait que vous en avez besoin. Cherchez d'abord le royaume de Dieu et toutes ces choses vous seront données par-dessus. Ne vous inquiétez pas du lendemain, car le lendemain aura soin de lui-même. À chaque jour suffit sa peine. »

Le sermon sur la montagne

JÉSUS-CHRIST

La vie est fondamentalement riche et généreuse. La vie est abondance. Si, si, je vous assure. Avant de vous crisper sur ce qui vous manque, regardez ce que la vie vous a déjà offert. Tout est là. Votre situation n'est sûrement pas parfaite, au sens où on l'entend dans un téléfilm. Il y a des choses qu'on ne peut pas changer et qui demandent parfois un courage certain pour être acceptées.

Mais, la plupart du temps, on fait une fixation sur ce qui nous manque, sans remarquer que ce qui nous est offert est largement aussi bien, sinon mieux. Parfois, on a demandé, quémandé, supplié, et rien ne vient. Pourtant, n'est-il pas écrit « demandez et vous recevrez » ? Si vous faites une demande, si vous adressez une prière, exposez votre situation clairement. Demandez de l'aide. Ensuite, prenez ce qui vous est offert. Même si ce n'est pas évident tout de suite, vous ne perdrez jamais au change.

Pour ça, il faut aussi apprendre à écouter. Il faut se poser et faire silence. Qui peut entendre une réponse avec ce constant brouhaha dans sa tête ? Faire silence, écouter, et regarder. Qu'est-ce qui est là, juste devant moi ? Ne vous est-il jamais arrivé d'aller acheter un objet que vous ne retrouvez plus, et de le retrouver très peu de temps après, à l'endroit habituel ? Un peu la honte, n'est-ce pas ? J'ai moi-même huit paires de ciseaux et je ne sais combien de dizaines de stylos. Et juste deux mains. Nous sommes tellement riches que nous ne retrouvons pas toutes nos affaires. C'est bien de ça qu'il s'agit. Tout est déjà là. Pas forcément sous la forme que j'imaginais, mais, soyez-en sûr, c'est souvent exactement ce dont nous avons – vraiment – besoin pour le moment. Et c'est valable pour les objets, le sacro-saint argent et les relations amoureuses. Le problème n'est pas tant de désirer plus d'argent que de savoir quel prix on est prêt à payer pour l'avoir. Juste un peu de travail supplémentaire ? Alors tout va bien. Passer tout son temps libre loin de ses amis, de sa famille ? Est-ce vraiment ce que vous voulez ?

La sensation de manque est bien entendu ancrée profondément dans notre être. Il s'agit d'un véritable manque de confiance. Manque de confiance en nous, bien sûr, mais, surtout, manque de confiance en la Vie. Nous sommes tellement déconnectés de la source de la Vie que nous croyons que c'est à nous, pauvre petite chose, de veiller au bon fonctionnement de tout, de tout planifier. Et, si nous ne parvenons pas à contrôler le cours de notre vie, nous essaierons de contrôler celles des autres, n'est-ce pas ? D'abord, nous ne maîtrisons rien du tout et, quand bien même, quelle fatigue !

Par la pratique régulière de la méditation, nous pouvons nous reconnecter à l'abondance de l'Univers, à la source de toute vie. Le lien a toujours été là, les portes sont grandes ouvertes. Seulement, nous avons laissé la poussière tout envahir, un peu de nettoyage et d'aération s'impose. Nous sommes des enfants de Dieu, de l'Univers, de la Vie. Relevez le nez, ouvrez votre cœur, vos yeux et vos oreilles. Et vous serez émerveillé. Émerveillé de toute la grandeur, la beauté et la générosité du monde qui est à votre portée.

Un paradoxe de plus. Si vous avez l'impression qu'il vous manque quelque chose, donnez ! Il ne s'agit d'ailleurs pas toujours d'argent. Chaque fois qu'autour de vous on a besoin d'aide, donnez un peu de votre temps. Donnez un coup de main. Prêtez vos affaires sans crainte. Ne vous retenez pas. Soyez généreux de vous-même. Vous expérimenterez alors très rapidement la générosité de l'Univers en retour.

Ne soyez pas radins, c'est le meilleur moyen de devenir pauvres. Comment voulez-vous qu'on vous donne quoi que ce soit si vous avez les mains constamment fermées ?

DE LA PLACE POUR LE MERVEILLEUX

Il y a deux façons de vivre sa vie. Une est de se dire que les miracles n'existent pas. Une autre est de se dire que tout est miraculeux.

EINSTEIN

Tous connaissaient et appréciaient le moine en question. Un rien le rendait heureux. Tout lui paraissait digne d'intérêt et source d'émerveillement. Tellement que ça en devenait parfois agaçant pour un esprit normalement constitué. Un jour, deux moines déposèrent un cadavre de chien putréfié sur le chemin qu'ils empruntaient habituellement. Ils attendirent leur compagnon resté en arrière, mais, ne le voyant pas arriver, ils rebroussèrent chemin, pour le retrouver agenouillé près du corps du chien, un sourire ravi sur les lèvres :

— C'est incroyable, vous avez vu comme ses dents sont blanches ?!

Classique zen

Pour que le monde nous apparaisse enchanté, ce qui est sa vraie nature, il faut laisser de la place à l'inconnu, au mystère. Il faut qu'on puisse découvrir. Si vous faites une excursion en montagne avec des enfants et que le sommet de la montagne est le seul but qui leur soit communiqué, le chemin sera un vrai calvaire. Ils vous feront bien sentir que tout ça n'a aucun sens. Si, par contre, vous leur faites découvrir et apprécier les merveilles rencontrées en route, une simple promenade deviendra une aventure passionnante. Plus que jamais, le chemin *est* le but. Le sommet *est* dans le cheminement. Qui aurait l'idée de prétendre que le but de la vie est la mort ? La saveur de la vie ne se révèle qu'à ceux qui ont choisi de prendre le temps de s'arrêter, de regarder, de sentir et de cheminer le cœur ouvert.

Au-delà des clichés et des idées reçues s'offre à nous un monde étonnant, tantôt cruel, tantôt émouvant, toujours surprenant. La rencontre d'une coccinelle et d'une colonie de pucerons sur un rosier n'a rien d'un petit cliché bucolique. Oubliez vos références automatiques. Regardez mieux. Il s'agit de guerre, de vie et de mort, rien de moins.

Notre vision de la *nature* est tellement faussée. Pour la plupart des gens, tellement pris par ce qu'ils croient être leur vie, la nature n'est plus qu'un décor. Qui n'a pas observé un vol de canards au-dessus d'un lac ? Des mâles volent de concert avec des femelles ; comme c'est joli, n'est-ce pas ? Il y a peu, un ornithologue m'a apporté un éclairage différent. Lorsque les mâles veulent s'accoupler, ils vont chercher une femelle. Ils vont la suivre, parfois avec insistance. Quand elle en a marre, elle s'envole et se repose plus loin pour continuer à se nourrir. Mais, quand les mâles seuls ou en bande se relaient pour la harceler, elle peut passer des jours entiers à essayer de leur échapper. Elle n'a plus le temps de se nourrir et, finalement, elle meurt de faim et d'épuisement. Que reste-t-il de la belle image d'une bande de canards volant allégrement au-dessus de l'eau ?

Je parle de merveilleux et je donne des exemples de violence. Je pourrais vous parler alors de cette autre cane, qui a déjà six petits et qui adopte ce caneton abandonné, comme s'il s'agissait du sien. Le petit ne reconnaît pas sa forme ni son odeur, et elle passera la journée à l'apprivoiser tout en surveillant sa propre nichée.

Une autre histoire d'animaux me vient à la mémoire : c'est celle de deux chevaux qui vivent ensemble. De loin, occupés à brouter dans leur grand parc, ils ont l'air de chevaux tout ce qu'il y a de commun. Pourtant, l'un d'eux est vieux et aveugle. Au licol du plus petit, celui qui voit, une clochette est accrochée pour que le plus vieux sache toujours où se trouve son compagnon. Régulièrement, le petit cheval jette un coup d'œil par-dessus son épaule pour voir si tout se passe bien. Le soir, quand il rentre à l'étable, il s'arrête de temps à autre pour être sûr que le vieux cheval puisse le suivre et rentrer sans encombre. Le miraculeux peut prendre des formes inattendues, mais il est là, en permanence, bien au-delà des idées qu'on peut en avoir.

La vie n'est pas simplement magnifique ou terrible, elle est immense. D'une immensité qui défie toute tentative de définition mentale. Réduire sa vie à une carrière professionnelle ou à une réussite sociale est une tragédie. Passer son temps à envier ceux qui ont plus de biens matériels que soi est vraiment pitoyable. La vie est tellement plus riche que ça ! Ne vous contentez pas de misérables artifices, acceptez ce qu'elle peut vous offrir de meilleur.

FAIRE ALLIANCE AVEC LA VIE

Mais pourtant, je t'assure, tu as TOUT pour être heureuse !

MA MÈRE...

Un voyageur arrive dans une petite bourgade et s'enquiert auprès de la première personne qu'il rencontre :

— Les gens de ce village sont-ils sympathiques ?

— Comment étaient ceux du village dont vous venez ?

— Oh, ne m'en parlez pas. Malpolis, pas accueillants pour deux sous, toujours prêts à médire de vous. Une catastrophe.

— Eh bien, ici, c'est pareil.

Un peu plus tard, un autre voyageur fait son apparition :

— Bonjour, madame, comment allez-vous ? Fait-il bon vivre ici ?

— Comment était-ce à l'endroit d'où vous venez ?

— Oh, des gens charmants, vraiment. Tous plus serviables les uns que les autres. Et ici ?

— Ici aussi, pareil.

CONTE DU MOYEN ÂGE

Vous voulez un outil fiable pour mesurer votre état intérieur ? Regardez autour de vous. Le monde tel qu'il vous apparaît est le reflet exact de votre état intérieur. Eh oui... Le monde vous paraît cruel et sans pitié ? Bien qu'on puisse trouver une multitude d'exemples de cette vision des choses sans aucune difficulté, êtes-vous si sûr qu'il s'agisse de la complète et objective réalité ?

Et vous, que faites-vous concrètement pour améliorer la qualité de vie sur cette planète ? Apportez-vous réellement des éléments positifs et concrets ou ne faites-vous que constater les dégâts ? En d'autres termes, comme sur le panneau au-dessus de la porte d'entrée d'un ami éducateur de rue : « Venez-vous avec des solutions ou faites-vous partie du problème ? »
Eldridge Cleaver

Notre vision et ensuite nos actions peuvent faire une différence capitale. Je peux vivre ici-bas, avec cette famille, ce boulot et ces relations, et passer mon temps à me plaindre de tout ce qui ne va pas. Et constater *objectivement* toutes les bonnes raisons de continuer à agir ainsi. Le monde, les médias ne me donnent-ils pas raison ? Je peux aussi, sans rien changer à ces ingrédients, vivre une vie pleine de joie et d'épanouissement. Quel sera mon choix ? Quel est le meilleur choix pour moi et pour ceux qui me côtoient ?

Un arbre qui tombe fait plus de bruit qu'une forêt qui pousse. Le spectaculaire est à la portée du premier venu. C'est en général ce qu'on cherche à vous vendre en vous expliquant bien que ce film est le plus cher de l'histoire du cinéma. Précipitons-nous !

Peut-être, pour apprécier la vraie beauté, celle qui touche à la partie la plus tendre de notre cœur, peut-être faut-il ralentir un peu. Ralentir notre course folle. Peut-être s'asseoir sur un vieux mur. Peut-être même se coucher dans l'herbe. Et regarder le ciel si haut, si loin et pourtant plus proche et plus accessible que jamais.

Qui oserait prétendre qu'il ne veut pas être heureux ? Et comment se fait-il que nos actions ne soient pas couronnées de succès ? Qu'est-ce qui ne marche pas ?

Pour être heureux, il faut en avoir besoin. Il faut en avoir fait le choix. Un choix conscient et délibéré. « Je veux être heureux, oui, c'est vraiment ce qui compte le plus au monde pour moi. » Quoi, c'est aussi simple que ça ? Mais, si ça marchait comme ça, tout le monde le ferait ! Ça laisse pour le moins songeur. Oui, c'est aussi simple que ça. Non, tout le monde ne le ferait pas, c'est comme ça, ne me demandez pas pourquoi. De quoi ai-je vraiment besoin, quelles sont mes – vraies – priorités ? Et quand est-ce que j'imagine raisonnable de commencer à y songer sérieusement ?

L'eau dans ces nuages là-haut a déjà fait le tour de la Terre un nombre incalculable de fois, de tous les glaciers les plus hauts, de tous les fleuves de tous les continents, des petits ruisseaux de campagne. Elle est passée dans toutes les gouttières des maisons, des fontaines à nos gosiers assoiffés. Cette eau a fait partie du cœur même de nos cellules, des cellules des girafes et des cachalots et des musaraignes. Elle a suivi le chemin de la sève dans toutes les feuilles. La même eau depuis des millénaires. Vous l'avez transpirée, je l'ai bue. C'est dans ce monde-là que nous vivons, à jamais plus spectaculaire que n'importe quel navet hollywoodien en 3D.

Et vous savez quoi ? Ce monde-là a besoin de vous.

Au milieu d'un cyclone, il existe un endroit appelé l'œil du cyclone. C'est un endroit tranquille, d'où l'on peut voir le ciel bleu, alors que tout autour l'enfer se déchaîne. Il est relativement aisé de se laisser aller dans le tourbillon de la vie, désorienté comme un papillon de nuit par la lumière, par toutes ces activités qui paraissent plus incontournables les unes que les autres. Une vie ne suffit pas, on le sait bien, pour combler cette soif de nouveautés et d'expériences sans cesse renouvelées. Une course sans fin. *The rat race.* Course à la gloire, à la reconnaissance, à l'argent, au pouvoir, aux distractions, aux plaisirs, à l'amour, à la sécurité à tout prix...

La plupart de ces besoins sont légitimes. C'est ce qui pimente une vie d'être humain bien remplie. Mais lesquels, et à quel prix ? Établir ses priorités permet d'expérimenter sans se perdre en chemin.

LES PRIORITÉS

Le professeur disposa un grand bocal en verre sur son bureau. Il y plaça ensuite avec précaution des pierres de tailles et de formes variées, jusqu'au bord. Il demanda à ses élèves s'ils pensaient que le bocal était plein, ce à quoi ils répondirent par l'affirmative. Il sortit alors de sous son bureau un sac contenant du gravier qu'il vida dans le récipient. Le gravier s'insinua dans les trous entre les cailloux et le professeur demanda encore une fois à ses élèves si le bocal était plein. Comme ils répondaient oui, il sortit un autre sac et entreprit de vider dans le bocal du sable, qui, naturellement, prit place dans les espaces qui restaient encore. Il demanda une fois de plus si le bocal était plein. Les élèves devenaient méfiants mais répondirent oui. Il sortit enfin deux tasses de thé et les vida sans problème dans le bocal.

« Imaginez que ce récipient est votre vie. Les gros cailloux sont les choses prioritaires: par exemple, vos proches, votre santé... Si tout devait disparaître et qu'il ne vous restait plus que ça, vous pourriez encore vivre une belle vie. Le gravier, c'est peut-être votre travail, votre logement... Le sable, c'est tout le reste. Les détails. Si vous mettez le sable en premier, il n'y aura plus de place pour les gros cailloux, l'indispensable. Si vous passez tout votre temps sur des détails, vous n'aurez plus d'énergie à consacrer à ce qui est important. Faites des choix, décidez de ce qui est prioritaire dans votre vie. »

Un élève demanda alors: « Et les tasses ? »

Le professeur, en souriant: « C'est pour vous rappeler que, même si votre bocal est plein, il reste toujours un peu de temps pour partager une tasse de thé avec un ami. »

LES CROYANCES

Quand vous désirez intensément quelque chose, c'est tout l'univers qui conspirera pour vous l'obtenir.

Paulo Coelho

La question n'est pas tant de savoir s'il faut croire ou pas que de bien choisir ses croyances. Le monde est tellement complexe que le seul mental, aussi évolué et savant qu'il soit, ne pourra jamais l'appréhender en totalité. Personnellement, je crois en la réincarnation. Je n'en ai aucune preuve tangible, mais, à ce jour, c'est la meilleure proposition qu'on m'ait présentée. En attendant mieux, cette possibilité me convient, ajoute du sens à ma vie. Par contre, je ne me battrai pas pour la défendre. Je sais que c'est une croyance que j'ai choisie en fonction de mon expérience de vie et que certains ont pu en choisir d'autres. Une croyance peut nous enfermer, nous maintenir dans la peur et l'isolement. D'autres croyances peuvent nous aider et nous entraîner dans une dynamique positive.

Le problème est plutôt que nos croyances ressemblent trop souvent à ça: «Je ne suis pas assez jolie, pas assez cultivée. J'aurais dû mieux travailler à l'école mais je n'ai jamais eu de chance. Si au moins mon mari était plus prévenant et sa mère, moins envahissante, je serais moins stressée... Et, en plus, je n'ai plus rien à me mettre.»

«Je ne suis pas assez fort, pas assez beau. Mon travail est nul, je ne sers à rien, mes collègues travaillent moins et sont plus payés. Si je pouvais gagner à la loterie, tous mes problèmes seraient réglés. Mais faut pas rêver, je n'ai jamais eu de chance, c'est pas aujourd'hui que je vais commencer. Si au moins je n'étais pas si fatigué!...»

Comment espérer que les choses changent un jour quand toutes nos croyances nous interdisent même d'imaginer être libres et comblés? J'écoutais cette interview de joueurs de poker professionnels, dont plusieurs avaient été champions du monde. Ils s'accordaient tous sur un point précis: les cartes qu'on reçoit en début de jeu n'ont aucune incidence directe sur le fait de gagner ou de perdre. Tout dépend de la façon dont on joue sa partie. J'ajouterais qu'en tant que simples joueurs occasionnels de jeux de société, on sait tous bien que ce n'est pas forcément celui qui a gagné qui s'est le plus amusé! J'irais même jusqu'à prétendre que celui qui d'emblée a décidé que le plus important pour lui était de s'amuser, sans s'occuper du résultat final, a la garantie de passer un bon moment, quoi qu'il advienne.

Nous avons tous des bonnes cartes et d'autres dont nous ne savons pas toujours quoi faire. (C'est pareil pour tous, même si on est persuadé que l'herbe est toujours plus verte chez le voisin.) La combinaison d'atouts que j'ai en main est absolument unique. Mon corps, ma voix, ma façon de danser sont uniques. Au lieu de passer tout ce temps à vous comparer à des pseudo-stars, qui ont encore plus de problèmes que vous, éteignez cette satanée télévision et partez à la découverte de votre potentiel. Nous sommes tous porteurs de capacités innombrables qui ne demandent qu'à vivre leur vie. Oubliez tout ce qu'on a pu vous faire croire de négatif à votre propos et amusez-vous! Chaque fois que vous avez du plaisir dans une activité, votre être intérieur se révèle, vous rayonnez. Plus vous le faites, plus vous ressentirez qui vous êtes vraiment et plus votre potentiel créatif sera visible et évident aux yeux de tous.

Considérer le plaisir comme la récompense du travail est un crime contre l'humanité. Pourquoi n'aurait-on pas le droit d'avoir du plaisir dans toutes nos activités quotidiennes? Bon, je vous vois venir, je ne sais pas de quoi je parle, vous faites un travail ingrat pour un salaire de misère et, à la maison, il n'y a que vous pour faire tout le sale boulot. Admettons. Mais êtes-vous bien sûr que vous n'entretenez pas cet état de fait? Et pourquoi?

Vous connaissez l'adage: *si tu n'as pas ce que tu aimes, commence par aimer ce que tu as.* J'ajouterais: regarde bien. Regarde *vraiment* bien tout ce que tu as déjà. Essayez, vous serez étonné de la richesse de votre vie et de vos possibilités.

Mettre en place de nouvelles croyances à la place des vieilles est votre droit et à votre portée. Prenez d'abord un peu de temps pour clarifier ce dont vous ne voulez plus, histoire d'y voir plus clair. Ensuite, ça peut ressembler à ça:

« Je décide de croire que ce monde est magique et merveilleux et que, dans ce monde, j'ai un rôle à jouer, une place de choix. Je suis une créature parfaite, comme les arbres, les montagnes, les océans. (Visez haut, faites-vous plaisir !) Je suis un fils, une fille de l'Univers et à ce titre j'ai droit à l'abondance. À l'abondance de santé, d'amis, de relations enrichissantes. J'ai droit à des activités qui me procurent de la joie et de la satisfaction. Je décide que j'ai le pouvoir de créer et d'attirer à moi toutes les conditions favorables à une vie heureuse ! Qu'il en soit ainsi, dès aujourd'hui. » Croyez-moi, autant vos anciennes croyances étaient efficaces, autant celles-là le seront aussi.

Il ne s'agit plus de crier famine quand la bise sera venue ni de mendier un miracle qui ne viendra jamais. Il s'agit juste d'utiliser votre pouvoir de création à votre profit, comme vous le faisiez si bien avant contre vous-même. Ce pouvoir vous a été donné à la naissance, il ne dépend que de vous d'en faire usage, comme il ne dépend que de vous de vous défaire des liens qui vous emprisonnent inutilement. (Ne me demandez pas pourquoi on ne vous a pas prévenu avant…)

QUESTIONS-RÉPONSES

— N'y a-t-il pas une contradiction entre le fait de désirer toujours plus et mieux et, de l'autre côté, celui de pratiquer le lâcher-prise sur les événements ?

Le désir, si souvent décrit comme la source de tous les maux, est une pulsion de vie fondamentale. Mes poumons désirent, avec avidité, la prochaine bouffée d'air. Sans désir nous serions morts. Et, si nous pouvons très bien survivre avec de l'air pollué, la moindre de nos cellules sait que l'air frais de la montagne, c'est mieux. Et, contrairement à ce que veulent certaines croyances, le mieux n'est pas l'ennemi du bien. Le mieux, c'est mieux. Tout comme les plantes et les animaux, nous sommes constamment à la recherche de meilleures conditions de vie. C'est l'évolution, inscrite dans nos gènes, comme le papillon dans ceux de la chenille. Et c'est le même mouvement qui nous pousse aujourd'hui à vouloir grandir et faire rayonner notre nature divine. C'est même la raison première de notre incarnation sur cette terre.

Opposés en apparence, désirer développer son plein potentiel, vivre sa vie à fond, et lâcher-prise sont complémentaires. Pour faire plus simple : je fais de mon mieux, et je m'en remets à la Providence. Dieu. Le grand Mystère. Nos croyances sont liées de près à nos désirs. Ces désirs créent du karma, c'est-à-dire les conditions de notre vie future. C'est pourquoi il est important de bien choisir ses croyances comme ses désirs. Comme on dit : méfie-toi de tes prières, elles risquent d'être exaucées. Comme des croyances négatives nous enferment constamment dans les mêmes schémas caducs, les croyances positives, comme ouvertures à une nouvelle possibilité, nous amènent au moins des événements plus près de nos vrais désirs, ce qui nous rapproche de plus en plus de qui nous sommes vraiment. Cela dit, je propose, le ciel dispose. Je ne peux contrôler tout ce qui va m'arriver et le lâcher-prise sera toujours indispensable pour garder l'équilibre. Comme chaque respiration. À l'inspiration, je reçois, je me nourris. À l'expiration, je m'abandonne et je remercie.

— *Je suis très sensible à la détresse morale des autres. Souvent, je vois leur problème clairement, parce que je suis aussi passée par là. Comment puis-je les aider efficacement, leur montrer le bon chemin?*

Nous parlons là bien sûr de détresse morale, spirituelle. Cela dit, toute souffrance, y compris physique, trouve son origine dans la conscience. D'abord, naturellement, on se met à l'écoute, on reconnaît la peine pour ce qu'elle est, sans jugement. Dans la majorité des cas, une écoute bienveillante et attentive donne l'occasion à la personne concernée d'exposer sa situation avec un certain recul, et on peut alors étudier ensemble les diverses options qui s'offrent à elle. Mais, dans l'absolu, vous ne pourrez jamais savoir ce qui est bon pour une personne, ce qu'elle doit vivre pour son évolution et par où elle devra passer. Son destin n'est pas de votre ressort.

Si vous voulez vraiment aider le monde, prenez soin de vous. Ce n'est pas fuir ses responsabilités, c'est l'essence même de la vraie compassion. Prendre soin de la personne que l'Univers vous a confiée, vous-même. Si vous le faites bien, avec amour et attention, l'air autour de vous sera plein de cet amour et de cette lumière. Prenez soin de la qualité de votre présence, de votre joie intérieure. Vivez et rayonnez cette joie d'être en vie. Tous ceux qui auront la chance de vous approcher en bénéficieront, chacun à leur façon, selon leurs possibilités. Ils ne sauront probablement pas que c'est grâce à vous, mais vous n'aurez pas besoin de reconnaissance, vous êtes déjà comblé. Et qui sait combien de fois vous avez déjà profité de la générosité d'autrui auparavant sans vous en rendre compte ? Humilité.

J'aime penser que nous sommes tous des points d'acupuncture de l'humanité. Soignez un point et tout le reste de l'organisme en profite !

— J'ai parfois l'impression que quelque chose de terrible va m'arriver. Une montée de peur diffuse mais puissante m'envahit, parfois même des moments de panique. Et je me dis à quoi bon cette méditation, ça ne va pas me sauver !

Ce sentiment d'insécurité récurrent, à des degrés divers, est propre à une vie d'être humain. Comment être franchement décontracté en vivant sur une boule qui tourne et qui fonce au milieu d'un univers infini ? L'histoire collective des hommes plus votre histoire personnelle, celle de la personne qui porte votre nom, sont inscrites dans vos gènes.

Les émotions, les pensées sont des entités qui voyagent, comme des informations qui circulent. La peur vient vous visiter, mais elle n'est pas vous. Pas plus qu'un orage, aussi puissant soit-il, peut prétendre être le ciel. Votre nature est fondamentalement la Paix. Quand la peur se présente, voyez-la comme un phénomène, soyez le témoin de cette apparition. Tiens, je ressens de la peur. Prenez alors conscience de votre cœur, de votre respiration, de votre énergie propre, celle qui n'a rien à voir avec cette peur. Cette présence en vous, qui est votre vraie nature et que vous nourrissez durant votre méditation. Soyez juste le témoin, un peu vibrant certes, de cette peur qui fait son show. Comme les nuages, elle vient, elle enfle, elle repart. Sa seule possibilité de rester en vous est que vous vous identifiiez à elle et que vous la nourrissiez.

La prochaine fois qu'elle viendra vous rendre visite, vous vous ferez peut-être encore avoir, et peut-être que, juste après, vous vous en rendrez compte. Avec l'entraînement, vous la verrez arriver et vous réagirez – presque – aussitôt. Vous verrez ces pensées, ces émotions pour ce qu'elles sont : des phénomènes. Naturellement, cette aptitude à mettre une distance est le résultat de votre pratique. Plus vous y consacrerez de temps et d'attention, plus les résultats seront visibles. Et bien plus rapidement que vous pourriez le croire !

— *Afin d'améliorer mes rapports systématiquement désastreux avec les hommes, j'ai fait un grand travail de nettoyage sur des traumatismes subis durant mon enfance. Et pourtant, après une première amélioration, j'ai l'impression de retomber encore et toujours dans les mêmes schémas.*

Il est entendu que beaucoup de nos problèmes d'adultes ont leur source dans notre enfance. Vous pouvez aller voir dans votre passé et pardonner, par exemple, des situations où l'on vous a causé de la souffrance, et c'est déjà très positif et libérateur. Retourner au cœur d'une situation à l'origine d'un traumatisme, rendre visite à son enfant intérieur et le prendre dans ses bras comme on aurait souhaité être pris à ce moment-là est un beau cadeau à se faire. C'est un travail qui demande parfois beaucoup de courage et ses effets sont remarquables. Mais, au bout du compte, les défis de votre incarnation actuelle ne se résoudront pas en cherchant indéfiniment dans votre passé. Même si vous y consacrez toute votre vie, il restera toujours des zones d'ombre auxquelles vous n'aurez pas accès. Dans le ventre de votre mère, et même avant votre conception, vous étiez déjà porteuse d'une histoire à laquelle vous pouvez certes accéder dans certaines conditions, mais c'est une quête sans fin.

La guérison ultime n'aura lieu que dans le présent, avec les éléments de votre vie de maintenant à portée de main. C'est ce qui fait le cœur même de la méditation. On se rassemble au centre, en *ce* lieu, en *ce* moment. Tel qu'on est. Et on regarde. Ce qu'on est aujourd'hui est le résultat le plus clair possible de tout ce qu'on a vécu jusqu'ici, avec nos manques et nos aspirations les plus profondes. Il n'y a rien d'autre qu'on ait besoin de savoir. Aucune information cachée – ou secrète ! – qu'on aurait absolument besoin de connaître pour continuer. Vous avez tout ce que vous avez besoin de savoir. Au plus avez-vous besoin qu'on vous rappelle certaines vérités immuables, que vous auriez un peu délaissées, c'est tout. La guérison, pour utiliser ce terme, a lieu quand on décide que « oui, quoi qu'il se soit passé, je décide dès à présent, tout de suite, d'être en paix. Quoi qu'il advienne dans le futur, je suis en paix. C'est mon choix, c'est ce que je choisis pour moi aujourd'hui même. »

Il y aura toujours une petite voix pour ajouter : « Oui, mais, quand même, tu ne peux pas oublier ça, c'est ton passé, ta famille, tes origines, tu as un devoir envers eux, etc. » Et vous pourrez répondre sereinement : « Adieu, le passé, *ciao*, j'ai eu des beaux moments et des plus moches. Tout est pardonné, je ne regrette rien, merci pour tout. Aujourd'hui, je vis dans le présent que je me suis choisi. En paix, tranquille, en toute confiance. » À ce moment-là, l'âme et le corps, et l'univers tout entier prennent note de votre nouvelle orientation et feront tout pour vous accompagner dans cette direction.

Le travail sera ensuite de cultiver, de nourrir cette « présence au présent », chaque jour, avec attention. Les vieilles habitudes ont pris leurs aises et il faudra de la persévérance pour les déloger définitivement. Pour se libérer des liens du passé comme pour accueillir les nouveaux défis du futur, il n'y a que l'attention bienveillante au présent, dans tous les gestes et les situations du quotidien. Tous vos rapports avec les hommes s'amélioreront si vous cultivez votre paix intérieure avant toute chose. Vos attentes envers eux vont évoluer et vous remarquerez même que vous n'attirerez plus le même genre d'hommes. Le passé est passé, laissez-le où il est et vivez votre vie dans la joie.

4e partie

LA PRATIQUE

La simplicité est inépuisable.

Krishnamurti

Nous y voilà enfin. On peut méditer debout, couché, en marchant et, potentiellement, dans toutes les positions et situations possibles de la vie. Je prendrai pourtant comme référence la forme la plus pratiquée, la méditation assise. Ses principes généraux sont applicables et adaptables à l'infini.

Préparation

Il est vraiment très profitable de faire quelques exercices d'assouplissement, stretching, yoga, chi gong, etc., avant de s'asseoir. Quelques minutes suffisent souvent.

Si nécessaire, une promenade pour s'aérer. L'énergie circulera mieux, on évitera plus facilement des crampes ou de l'engourdissement. Et, par-dessus tout, la qualité du ressenti sera nettement améliorée. En résumé, tout ce qui peut vous aider à évacuer vos tensions et, ainsi, à vous asseoir dans l'état le plus relaxé possible est un plus à ne pas négliger.

Voir aussi la partie 5, qui propose trois autres préparations et relaxations efficaces: la respiration couchée, le scannage corporel, la prise de racines.

La posture

Prends soin de tout, chaque
geste peut déplacer une étoile.

On prend une posture relativement confortable qu'on peut garder longtemps sans se fatiguer, tout en ayant le dos aussi droit que possible.

Assis sur une chaise, on garde un contact léger avec le dossier, les jambes décroisées, les pieds à plat sur le sol. Les mains peuvent reposer à plat sur les cuisses, soit paumes ouvertes vers le ciel, soit retournées. Elles peuvent aussi être croisées, l'essentiel étant de ne pas crisper les épaules et d'être à l'aise.

Assis par terre sur un coussin, les jambes croisées en lotus, demi-lotus, ou quel que soit le nom qu'on donne à cette position, l'idéal étant d'avoir les genoux au sol pour plus de stabilité à long terme. Les mains sur les cuisses ou croisées dans le giron, comme décrit plus haut.

À chacun de trouver et d'adapter les positions à sa morphologie. D'après moi, vous acharner à vouloir méditer assis sur un coussin si vous n'êtes pas assez souple pour cela sera une source de frustration que vous pouvez parfaitement vous épargner. Le but de l'opération n'est pas de ressembler à une icône du parfait méditant, mais de faire de votre corps d'aujourd'hui un endroit agréable pour vivre cette expérience.

Le bas du dos est légèrement cambré plutôt que trop relâché. Le bassin est solidement ancré, enraciné dans la terre, le haut du crâne ouvert sur le ciel immense dans une attitude de noblesse. J'utilise souvent l'image d'une montagne. Solide, immense, *ouverte sur le ciel*. Qu'il fasse beau ou qu'il neige et qu'il vente, elle vit, patiente et confiante. Elle a tout son temps.

Comme la montagne, ou un arbre, prenez tout le temps qu'il faut pour trouver une posture qui soit *réellement* confortable pour vous. La vôtre n'est pas celle du voisin. Impossible de tricher. Si des tensions sont logées dans votre dos ou votre nuque, c'est une réalité dont vous devrez tenir compte. Dans la vie quotidienne, on choisit les gestes qui nous évitent de les ressentir, mais, dans une posture imposée, elles se révèlent, sans moyen pour qu'on les évite. Votre histoire personnelle, avec la combinaison de toutes vos tensions passées, se retrouve assise sur ce coussin. Il va falloir du temps et de la douceur pour, petit à petit, *ré*intégrer une posture idéale. Cela nécessitera très certainement des massages ou d'autres corrections de votre posture par un thérapeute. Après toutes ces années, j'y ai encore recours régulièrement. Pourquoi notre voiture aurait-elle droit à plus de soins que notre propre corps ? Ne négligez surtout pas cet aspect. On ne construit pas une cathédrale sur des sables mouvants. Notre corps est un grand maître et ses indications ne doivent rien au hasard. En cela, l'envie de méditer vous propose déjà des pistes pour une nouvelle vie, plus équilibrée. Accueillez-les, non pas comme un obstacle ou un affront personnel, mais avec reconnaissance, comme un pas que l'univers fait vers vous. Il y a beaucoup de travail en perspective, mais il n'y a rien qui presse.

Les yeux sont fermés la plupart du temps. Par moments, entre autres pour éviter l'assoupissement, ils peuvent être très légèrement entrouverts, dirigés vers le sol, à un mètre environ de soi. Les yeux fermés, nous rentrons à l'intérieur, tout en étant conscients de l'extérieur au second plan. Les yeux entrouverts, on accueille le monde autour de soi tout en restant centré à l'intérieur.

Chaque posture influence différemment l'état d'esprit du moment. Des mains ouvertes ou fermées, un dos qui se voûte, se redresse, et l'ambiance intérieure change. Les paumes à plat sur les cuisses donnent un fort sentiment d'ancrage à la terre, un sentiment d'intense présence physique, à l'image du samouraï. Les paumes ouvertes sur les cuisses sont une ouverture au ciel, à l'autre. Les mains groupées dans le giron, soit croisées, soit posées l'une sur l'autre, rassemblent l'énergie à l'intérieur tout en donnant un axe vertical.

Il peut être intéressant de changer en cours de route en suivant son ressenti, comme en entrouvrant les yeux au besoin. Pas dans le but de se distraire, mais par exemple pour sortir d'un état de torpeur qui dure trop longtemps ou pour équilibrer son état émotionnel, changer de point de vue.

Ce n'est pas le jeu de la statue. L'immobilité totale est le contraire de l'équilibre, qui, lui, demande une constante réadaptation, comme l'équilibriste sur son fil. Un peu à gauche, un peu à droite, comme dans la vie.

L'attitude

Qu'attends-tu pour devenir
celui que tu attends ?

D'après moi, un élément crucial. Si l'attitude est bien adaptée à l'instant, la suite se déroule sans problème. Comme pour la posture, dont elle est indissociable, il faut prendre tout le temps nécessaire pour se ressentir, se rassembler, s'équilibrer au mieux. Chaque jour est différent, chaque jour de votre vie demandera un ajustement unique. Notre seule réalité, quoi qu'on puisse penser, est le présent, rien que le présent. Le passé est terminé, qu'on le regrette ou non, le futur n'est pas encore. Tout se joue maintenant. À chaque instant, nous avons l'occasion unique de décider de quoi notre futur sera fait.

Si, naturellement, nous ne pouvons changer notre histoire, nous pouvons changer notre regard sur celle-ci. Nous pouvons choisir délibérément de laisser tomber telle rancœur, telle habitude destructrice. Nous pouvons décider d'aborder la suite avec plus de joie et plus d'amour. Notre bonheur ne dépend pas des autres ni des circonstances extérieures. Il dépend de notre capacité à lui faire de la place, à l'inviter dans notre vie.

Notre corps est en constante mutation. Les cellules qui le composent évoluent sans cesse, à un rythme effréné. Physiquement, vous n'êtes pas la même personne que la semaine dernière, et vous ne le serez jamais plus. Et pourtant notre ego, cette image figée que nous avons de nous-mêmes, réfrène toute tentative de changement. Pour lui, le changement, c'est la mort. Toutefois, la vie, c'est le changement ; la transformation, c'est l'essence même de la vie. Comme dans la nature, ce qui s'arrête de croître sèche et meurt. Qu'on le veuille ou non, le monde autour de nous change aussi en permanence. C'est une loi universelle.

En choisissant délibérément de s'asseoir, on décide de laisser le passé et le futur où ils sont. On décide de laisser toute la place à ce moment-là, « ici et maintenant ».

L'attitude idéale sera une combinaison d'ouverture, d'attention et de douce bienveillance. « Il n'y a nulle part où aller, nous sommes déjà arrivés. Ce que vous cherchez est déjà là. Tout est bien. »

Nisargadatta Maharaj

L'ouverture, pour installer un espace mental aussi vaste que possible, capable d'accueillir toutes les expériences qui se présenteront. Cette ouverture implique aussi une certaine confiance en la Vie, qu'on invite consciemment à venir nous visiter.

Une attention soutenue, voire de la curiosité, pour rester vigilant, comme un chat devant un trou de souris. Elle sera aussi notre outil pour ramener encore et encore notre esprit vagabond. Je l'appelle souvent la «voyons voir, qu'est-ce que nous avons là, aujourd'hui» attitude.

La bienveillance est essentielle pour que tout ce processus se fasse avec chaleur et amour. Il ne faut pas oublier que la méditation est d'abord un acte délibéré d'amour universel. La bienveillance pratiquée envers soi dans la méditation sera celle dont on usera dans sa vie de tous les jours envers son entourage.

La respiration

Respirer, c'est quand même bien pratique.

Si les supports les plus variés sont utilisables avec succès, la respiration est pour moi le guide idéal pour la méditation, la voie royale. La respiration est le lien privilégié entre le corps et l'esprit, toujours actif, toujours disponible, où qu'on soit. Intimement liée au corps et aux énergies qui y circulent, elle est notre fidèle compagnon de voyage. Là où va notre attention va l'énergie, et la respiration est notre alliée. Elle connaît intimement chacune de nos cellules. Elle nous accompagne aux confins de notre univers intérieur, elle nous ramène en douceur quand nous nous sommes laissés embarquer dans les dérives incessantes de nos pensées.

L'énergie qui circule dans notre respiration est la même qui anime toute la création. Le Prana, l'énergie cosmique. N'y a-t-il pas plus grande preuve d'amour que cette formidable énergie qui accepte de visiter notre corps avec autant de douceur ?

« Installé confortablement, dans une attitude noble et bienveillante, je dirige mon attention vers ma respiration. D'abord dans le ventre, le hara, le centre vital. J'observe, sans changer de rythme, mon ventre bouger tranquillement. Je prends conscience de cette respiration qui se fait toute seule depuis que je suis venu au monde. Mentalement, je m'installe dans cet endroit et je ressens l'énergie de vie se répandre, dans ce va-et-vient tranquille mais ininterrompu. Sans rien forcer, je laisse cette sensation s'amplifier, je lui donne de la place, de l'espace.

Rien qu'en l'observant, ma respiration s'est ralentie naturellement. J'apprécie ce flux, l'inspiration, l'expiration. Les pauses entre les deux. À chaque expiration, je peux sentir mon ventre se détendre, ainsi que mes jambes. J'en profite pour laisser circuler cette détente dans le bas de mon dos et, ensuite, partout où mon corps présente une tension. Respiration après respiration, je m'installe de plus en plus en conscience dans mon corps physique et énergétique. Chacune de mes cellules déborde de vie. J'apprécie cette qualité d'être en moi. Je suis à présent bien installé, enraciné, heureux hôte de mon corps qui rayonne. Mon esprit s'est tu, il a cédé la place. Cette Vie en moi, cette Présence en moi et tout autour de moi. Dans les moindres recoins de ma chair, dans mon souffle. Il n'y a plus que la Vie. Et je ne fais qu'un avec elle, comme la goutte avec l'océan. Voilà de quoi il s'agit, voilà ma vraie réalité, ma vraie nature. »

Parfois, tout se déroule comme ça, dans un flux ininterrompu, régulier et harmonieux. On est content, ça marche ! Parfois, souvent parce que justement on s'attend à « quelque chose » de spécial, ce quelque chose ne se produit pas, il n'y a que du vide. Un vide sans vie. Ou alors un brouhaha impossible à maîtriser. Constater, tout simplement. Ce n'est pas comme je l'avais prévu. Tiens, tiens. Il n'y a « aucune faute, personne à blâmer ». Le chaos aussi fait partie de la réalité. On respire doucement, on y retourne. Tranquillement, en douceur, avec confiance, avec le sourire. On respire…

Les pensées

Aussi incroyable que ça puisse paraître, nous ne sommes PAS nos pensées.

Il ne se passera pas longtemps avant qu'une pensée n'apparaisse... et puis deux... Et dix minutes seront passées avant qu'on revienne ici. Et maintenant. Abasourdi par la facilité avec laquelle notre mental nous a embarqués. Le combat contre les pensées est perdu d'avance. Le mental est programmé ainsi, il produit des pensées sans cesse. Il les compare, les assemble, les combine, les confronte. Sans cesse. C'est sa fonction et il vaut mieux l'accepter. L'idée n'est pas de stopper ces pensées ; c'est plutôt de créer, avec l'aide de la respiration, un espace en moi. En toute tranquillité, mais avec une constance soutenue, je permets à l'espace de Vie de s'installer dans le temple de mon corps. Dans chacune de mes cellules.

Je m'aperçois alors – physiquement – de la vraie grandeur de mon incarnation. Je suis grand, je suis vaste. Et, dans cet espace lumineux et accueillant, il y a assez de place pour qu'évoluent les pensées, les émotions. Je les regarde arriver, s'activer et gonfler comme des nuages, et finalement repartir comme elles sont venues. Je suis toujours là, je respire tranquillement. D'autres nuages arrivent; le ciel, lui, reste bleu et infini.

— Oh, maître, ma méditation se passe très mal. J'ai toujours mal quelque part, un rien me distrait, et des fois même je m'endors carrément.

— Ça passera.

Une semaine passe.

— Oh, maître, vous aviez raison. Maintenant tout se passe à merveille. Je reste concentré tout le long, ma posture est tonique, je me sens merveilleusement présent et vivant!

— Ça passera.

Classique zen

> Si un jour tu te sens inutile et déprimé, souviens-toi : un jour tu étais le spermatozoïde le plus rapide de tous.
>
> BAREFOOT DOCTOR

Les causes de souffrances sont innombrables. Je n'ai pas vraiment choisi cette hernie discale. Et, en plus, je me suis ridiculisé au travail. Mauvaise journée. Mais OK, c'est fait, c'est là. Nier l'évidence n'y changera rien. Qu'est-ce que je peux faire, maintenant, avec ça ?

Je vais d'abord m'arrêter. Je vais respirer profondément et lentement deux ou trois fois. Je regarde sans crainte la situation : j'ai mal et, en plus, j'ai honte. Oui, ça demande du courage et de l'humilité. Je me rappelle que : je ne suis pas mes pensées. Je ne suis pas ma souffrance. Elles sont en moi, mais elles ne sont pas moi. Plus je respire, doucement cette fois, plus j'ouvre l'Espace en moi. Quand je peux, je laisse mes peines se déployer, pas trop. Plus l'espace que j'aurai créé sera grand, plus elles se dilueront.

Comme elles sont arrivées, elles vont se poser d'elles-mêmes, comme la vase au fond de l'étang, quand on cesse de l'agiter. Ouverture. Patience. Bienveillance.

Dans le cas de souffrances intenses, deuil, séparation, annonce d'une maladie grave..., il faudra bien sûr faire un travail en profondeur, redéfinir les priorités de sa vie. Il y a un nouvel équilibre à trouver. C'est un cap important et la méditation est un partenaire de choix pour garder la tête hors de l'eau et traverser l'épreuve aussi sereinement que possible.

La douleur physique

Où qu'on aille, on s'emmène avec soi.

Neil Gaiman

Si on accepte l'idée que la Conscience est à la base de tout ce qui existe, la méditation est aussi une méthode de guérison, et pas des moindres. En se reconnectant à la source, la Conscience, on donne l'occasion à nos différents corps de s'équilibrer, de libérer les blocages et de permettre à l'harmonie de s'installer à nouveau. La théorie, c'est bien, mais quand on a mal, elle ne suffit pas, c'est évident. Il ne faut pas attendre de se noyer pour apprendre à nager. Plus on aura pratiqué auparavant et plus on aura la capacité d'accueillir une douleur, toutes proportions gardées. Cela commence avec les simples courbatures ou autre sensation d'inconfort rencontrée lors de la pratique journalière. Oui, j'ai bien dit journalière. Souvenez-vous, le brossage des dents…

Cette petite douleur dans le dos, dans la nuque, en début de séance. On peut se remuer un peu, ajuster la posture au mieux, chercher à l'oublier, il en reste toujours un petit quelque chose. Il faut la regarder, l'accepter, lui faire de la place. Respirer à l'intérieur d'elle, apporter de l'Espace. Elle va se diluer. En partie ou tout à fait. La douleur est un maître exigeant mais efficace. Il n'est pas forcément nécessaire de comprendre son message, mais l'attitude qu'elle nous demande d'adopter est un enseignement très profond. Comme pour les aléas de la vie, personne n'a envie d'avoir mal et, malgré tout, on fait tous face à cette situation régulièrement.

Devant une difficulté physique ou morale, on a plusieurs choix. Essayer de l'éviter. Ça peut marcher un temps. Essayer de corriger la situation, si c'est encore possible. Enfin, surtout si les deux autres options ont échoué, l'accepter. Accepter d'abord le simple fait que c'est la réalité, qu'elle nous plaise ou non. Puis, voir que cette situation est porteuse d'un message important pour nous. Il faut ensuite lui laisser l'occasion de s'exprimer pour pouvoir en comprendre le message.

« Je localise le plus précisément possible l'endroit de la douleur... À l'aide de ma respiration, je cerne sa taille, sa forme... Je peux aussi tenter de ressentir sa consistance, sa densité, tout ce qui me permet de m'en faire une idée la plus précise possible. Toujours à l'aide de ma respiration, je vais "ouvrir" un espace autour de cette douleur. Lui faire de la place. Comme pour les émotions, je vais la laisser se déployer, autant que le confort l'autorise. Tout en douceur, avec respect et bienveillance, sans jugement, sans rien forcer. Respirer. »

Cela peut prendre quelques minutes ou toute la période de méditation. Mais, en général, le changement ne se fait pas attendre. Dans les cas de douleurs chroniques, ça ne sera peut-être pas suffisant sans autre aide extérieure, mais on aura certainement gagné en confort durant la pratique.

Notre corps comme nos émotions nous connaissent mieux que quiconque et leurs avertissements sont toujours pertinents. Dans le cas de douleurs physiques comme morales, la pratique de la méditation peut d'une part nous permettre de mettre régulièrement « les compteurs à zéro » et d'autre part nous avertir d'un déséquilibre dans notre corps ou notre histoire, avertissement qu'il faudra écouter. Faire la sourde oreille risque de nous amener à un point de non-retour – crise cardiaque, dépression grave... – qui sera alors beaucoup plus difficile à gérer. N'attendez pas jusque-là, je vous en prie.

En cours de route...

La prière, c'est quand on parle à Dieu. La méditation, c'est quand on l'écoute.

AUTEUR INCONNU

Vous êtes bien installé dans votre posture, bien présent à l'énergie qui circule librement dans votre corps, vos pensées et vos émotions enfin au repos. Un sentiment d'harmonie s'est installé. Plusieurs possibilités s'offrent à vous pour la suite.

1) Vous êtes incroyablement présent dans toutes vos cellules, vous appréciez cette Présence, cette stabilité, cette plénitude. Vous sentez que vous rechargez vos batteries en profondeur. Savourez cet état, profitez-en pleinement. C'est un beau cadeau que vous vous faites.

2) Vous êtes rempli de cette énergie de lumière qui déborde de vous. Vous pouvez l'offrir au reste de la création : en inspirant, vous pensez Paix, en expirant,

vous la laissez se répandre tout autour, dans la pièce, la maison, de plus en plus loin, sans limites. N'essayez pas trop de contrôler où elle s'en va. Soyez comme la fleur qui offre son parfum à tous, sans distinction.

3) Votre mental ne vous laisse pas une seconde de répit. Sans cesse, il s'envole dans toutes les directions. Vous passez tout votre temps et votre énergie à essayer de le ramener. Posture. Corps. Respiration. Pensées. Respiration. Pensées. Accepter, accueillir, se recentrer constamment, c'est le chemin qui vous sera proposé pour cette fois. Ne résistez pas, faites-le. Parfois, c'est une balade digestive, parfois un triathlon. C'est parfaitement OK. Ce n'est pas la première fois, croyez-moi, ce ne sera pas la dernière. Cela durera peut-être toute la séance. Ou pas. Restez pour voir la suite du film. Soyez doux et bienveillant avec vous. Vous êtes au cœur même de la pratique. Vous êtes au bon endroit, au bon moment, n'en doutez pas un seul instant.

Durée/fréquence

On peut estimer qu'une plage d'une demi-heure à une heure est idéale. Mais la régularité étant aussi importante que la durée, mieux vaut y consacrer vingt-cinq minutes tous les jours qu'une heure de temps en temps. Les moments consacrés à se recentrer durant la journée sont tout aussi importants. En attendant un bus, en faisant la cuisine ou sous la douche, être complètement présent, dans sa respiration, dans son corps, toutes les occasions sont bonnes pour se sentir vivant. Ces instants courts, mais de plus en plus nombreux et rapprochés, vont progressivement réveiller tout votre être et changer votre vie tout entière. Rien que ça.

5e partie

MÉDITATIONS ET EXERCICES

La respiration couchée

Allongez-vous confortablement sur votre natte de yoga ou sur une couverture. Si nécessaire, mettez un coussin sous les genoux ou sous la nuque. Veillez aussi à ne pas avoir froid, le corps se refroidit au cours d'une relaxation.

Ressentez le poids de l'ensemble de votre corps sur le sol. Ressentez aussi les points de contact comme les talons, les fesses, les mains, l'arrière du crâne. Appréciez tout simplement le plaisir qu'il y a à être couché par terre. Portez votre attention à votre ventre. Donnez-lui le temps de se décontracter, de se relâcher. Savourez pleinement cette première détente.

Naturellement, votre ventre monte et descend, au rythme de la respiration. Observez. Donnez, sans forcer, encore plus de place à cette respiration. Vous pouvez simplement vous laisser aller dans ce ventre qui monte et qui descend.

Vous pouvez aussi être plus sensible au flux et au reflux de cette vague qui arrive de vos narines et qui se répand dans votre ventre, pour repartir encore. Chaque fois que la vague revient, son énergie se répand jusque dans les cuisses, jusqu'aux pieds, et même au-delà.

Rester centré sur cette énergie qui va et vient à travers son corps est un exercice de relaxation et peut devenir une méditation en soi. Le défi sera alors de ne pas s'endormir.

Le scannage corporel

Un approfondissement de la technique précédente. On commence par s'installer sur le sol, se détendre, prendre conscience de sa respiration, tout pareillement. Au lieu de vous contenter du ventre, vous allez parcourir tous vos membres afin de les détendre les uns après les autres.

Vous portez d'abord toute votre attention sur le pied gauche (ou le droit, si vous préférez !). Au rythme de votre respiration et plus particulièrement de votre expiration, vous allez le laisser se détendre. Les orteils, la plante du pied, le talon, etc. Et vous passez à la cheville, au mollet, au tibia, au genou. Il vaut la peine de s'attarder un peu plus sur les articulations, qui sont des endroits où l'énergie est souvent bloquée. À chaque emplacement visité, on laisse la respiration diffuser une douce chaleur, une lumière bienfaisante. Lorsque vous constatez une tension ou un blocage, tranquillement, laissez cette énergie de douceur s'y répandre.

Poursuivez avec les cuisses, les fesses et l'autre jambe, comme la première. Ensuite, le bassin, le ventre, les vertèbres lombaires. Remontez en passant par tout l'abdomen, les côtes, les dorsales, les omoplates, les épaules.

Ensuite, parcourez chaque bras, en commençant par les mains, les poignets, les avant-bras, les coudes… jusqu'au cou. La nuque, la gorge. Là aussi, prenez votre temps, le cou est le lieu de passage de beaucoup de câblage et de tuyauterie interne, et le siège de beaucoup de tensions.

Explorez toute la tête. La mâchoire inférieure, les oreilles, l'arrière du crâne, remontez le crâne, détendez le front, les tempes, les yeux, les narines... Vous pouvez naturellement aller dans l'autre sens. Essayez de garder une progression logique pour ne pas avoir à y consacrer trop de concentration, mais ne gravez rien dans le marbre. Un jour, vous passerez en revue chaque centimètre carré et, un autre, vous vous contenterez de cinq parties principales, avec une égale satisfaction. Le client est roi.

Une fois tout le corps passé en revue, respirez encore quelque temps dans les parties qui seraient restées contractées. Appréciez ensuite le sentiment de présence intense dans votre corps et tout autour. Vous rayonnez. Goûtez à cette sensation d'espace, d'énergie, de santé, de beauté. Essayez de retrouver cette sensation en méditation assise.

Plantez vos racines

À pratiquer debout, autant à l'intérieur qu'en nature.

Il y a un risque récurrent pour les personnes intéressées à la méditation, celui de rester bloqué dans sa tête et de flotter à trente centimètres du sol. N'oubliez pas votre lien à la terre, n'oubliez *jamais* votre corps. Sans lui, votre pratique va très vite ressembler à un film qui tourne en boucle. Soignez-le, faites-lui confiance. Voilà de quoi le nourrir efficacement.

Debout, les pieds écartés, les genoux très légèrement fléchis, je trouve mon équilibre. Je prends conscience de mon poids, je laisse mes pieds s'enfoncer dans le sol. Je porte mon attention à mon ventre, à ma respiration.

J'imagine mon ventre, mon hara, rempli de lumière, d'énergie. À chaque expiration, je laisse filer cette énergie dans mes cuisses, mes jambes, à travers mes pieds, jusque dans la terre. Comme des racines. J'en profite pour lâcher toutes mes peurs, mes tensions par le même chemin, afin qu'elles descendent dans la terre, qui va les recycler.

Tout en laissant le phénomène d'élimination se produire tout seul (donnez les instructions à votre corps, il comprendra, souvenez-vous : l'intelligence...), je sens mes racines descendre plus en plus profondément, jusqu'au centre de la Terre. Je visualise ce magma, cette formidable source bouillonnante de vie.

Quand je le juge opportun, je laisse cette énergie remonter le long de mes racines, jusqu'à mes pieds, mes jambes, et finalement se déverser dans mon ventre. Toujours au rythme de ma respiration, j'apprécie ce lien entre le centre énergétique de mon corps et le cœur de la Terre. Je suis profondément ancré dans mon corps, dans la terre.

À répéter le plus souvent possible, sans contre-indications, sans effets secondaires autres qu'un grand sentiment d'être plus vivant que jamais. Les enfants adorent.

Méditation de l'arbre/méditation chamanique

Cette méditation debout nous connecte profondément aux éléments de la Nature, de l'Univers. Elle est une excellente alternative et un complément – à la méditation assise. Si elle sollicite l'imagination dans un premier temps, elle demande très vite de rentrer dans son ressenti physique. C'est par ce biais-là que les sensations d'ouverture et de connexion vont se produire. Exercice puissant, qui apporte un sentiment d'enracinement, de l'assurance, de la confiance. Il commence comme le précédent.

« Debout, je cherche l'équilibre en oscillant doucement d'une jambe à l'autre. Je ressens le poids de mon corps sur le sol... J'imagine mon hara comme une boule d'énergie rouge qui palpite... de là partent des racines le long des jambes qui passent par les genoux, les chevilles, les pieds, pour s'enfoncer profondément dans le sol, jusqu'au centre de la Terre. J'en profite pour lâcher, évacuer toutes mes tensions et mes peurs dans le sol, dans la Terre, qui les recyclera...

Une fois arrivées au centre de la Terre, dans le magma, formidable réserve d'énergie, mes racines aspirent cette nourriture, qui remonte par les racines jusqu'à mes pieds, à mes jambes, jusque dans mon bassin. J'accentue encore la sensation pour bien ressentir cette connexion avec la Terre nourricière.

Je laisse ensuite l'énergie de la Terre remonter, tour à tour, dans chacun des chakras jusqu'au sommet de ma tête, d'où elle s'élance, formidable geyser de lumière et d'énergie qui retombe sur moi et tout autour comme une fontaine lumineuse... Je laisse cette sensation s'amplifier et prendre place...

J'ouvre le sommet de mon crâne vers le ciel et je laisse la Lumière céleste descendre en moi. J'imagine un grand faisceau de lumière descendre et entrer tour à tour dans chaque région de ma tête, de mon torse, etc., jusqu'à mes pieds et dans la terre, qu'elle bénit. Comme avant, je laisse cette sensation envahir tout mon corps. Je suis maintenant nourri par l'Énergie de la Terre Mère et par la Lumière du Père Ciel.

J'accueille cette énergie divine dans chacune de mes cellules. Tout mon corps est vivifié, rendu lumineux par cette énergie omniprésente dans et tout autour de mon corps. Cette Lumière apporte la guérison, la beauté... Maintenant, je rayonne d'énergie. Je prends conscience de ma connexion à tout ce qu'il y a de plus sacré, de ma vraie Nature Divine...

Temps de méditation, de prière ou de guérison : je prie pour le bonheur de toutes les créatures, le peuple des pierres, des arbres, des animaux, des humains, les enfants, les vieux, les malades, les morts, les escargots, etc. »

En marchant...

Ces petits chemins qui sentent
la noisette...

La marche n'est pas qu'un moyen de locomotion, elle est une source d'émerveillement constant. D'abord, si vous pouvez marcher, sachez que ce n'est pas le cas de tout le monde. Appréciez ce cadeau à sa juste valeur. *Waouh, je marche !*

C'est parti : vous avez rendez-vous ou vous vous promenez pour le plaisir, profitez-en. Ressentez l'air de ce jour particulier dans vos narines, son parfum unique ou familier. Remarquez comme le rythme respiratoire change suivant la pente ou votre allure. Prenez conscience de la place que votre corps occupe dans l'espace. Son poids sur le sol, dans vos pieds. L'air sur votre peau, la pluie peut-être. Pour que cette marche devienne une méditation, vous devez essayer de rester centré, tout en étant par ailleurs parfaitement conscient de votre environnement (c'est plus sûr, surtout en ville…). « Je marche, je suis debout et je marche. Je respire, je vois, j'entends, je sens. Mon corps fonctionne, je suis pleinement vivant et je marche. » Rien d'autre. Rester concentré sur le fait de marcher et sur l'effet physique produit par cette prise de conscience. Si les passants vous observent et vous sourient, vous êtes sur la bonne voie.

Rencontre avec soi-même sous un sapin

Chemin faisant…

Encore une histoire d'arbre. À l'origine, elle s'appelait « Éveil sous le néflier du Japon », mais j'ai remarqué qu'ils étaient assez difficiles à trouver. Le chêne, c'était un peu trop convenu, donc le sapin. Mais n'importe quel arbre ou buisson fera parfaitement l'affaire. Enfin, je crois.

« Mon corps est au repos, mon esprit est libre. Lentement, tranquillement, je suis mon chemin. Mes pieds me transmettent plein de messages. Le sol est tantôt doux, tantôt caillouteux. Ça monte, ça descend. Je découvre la qualité de l'air, de la lumière.

Ces sensations dans mes jambes, dans tout mon corps… Je suis bien, en harmonie avec lui et avec l'endroit où je me trouve. Je me libère de ces vagues sentiments qui s'accrochent habituellement à moi : un peu de mécontentement, un peu de nervosité, un peu de déception, une crainte sans raison définie… Je les abandonne au fil de ma progression.

Je découvre un autre aspect des bienfaits de la marche : je ressens de la joie…

Je m'assois sur le bord du chemin. J'ai vu un gros sapin (ou un néflier du Japon) et je m'adosse à son tronc. Parfois, je m'assois pour réfléchir ; aujourd'hui, je m'assois uniquement pour le plaisir de m'asseoir. Je suis bien installé, je ne pense à rien. Je laisse la nature revigorer mon corps et mon esprit.

Le sapin me communique la puissance de sa sève, qui court dans les milliers de vaisseaux de son tronc puissant. Ses hautes branches recueillent l'énergie des éléments et ses racines m'aident à ressentir mon propre enracinement. Comme toutes les créatures, chaque arbre a sa tonalité, son caractère propre. Il faut prendre le temps de s'apprivoiser.

Des milliers d'animaux y trouvent refuge. Les bruits deviennent plus nets. Les odeurs des plantes deviennent plus perceptibles. Je respire calmement. Je me sens en parfaite sécurité. Cet instant est pour moi, uniquement pour moi. Je me permets ce moment privilégié, sans aucune culpabilité, en paix avec moi-même.

J'ai lâché mes douleurs, mes contrariétés, tout ce qui troublait mon esprit. Je puise une nouvelle force au contact de la terre et de l'arbre. Je ressens encore plus intensément ce bien-être dans chaque partie de mon corps. Je profite pleinement de ce calme, de cette plénitude.

Progressivement, délicatement, je fais jouer mes membres, mes articulations, les uns après les autres... Doucement, j'entrouvre mes paupières et je laisse entrer la lumière. »

LA MÉDITATION EN RÉSUMÉ

L'essentiel tient sur une page
(ou presque)

Alors que, dans la vie courante, il faut toujours « faire » pour arriver à un résultat espéré, l'attitude est ici très différente. Il y a bien un but, mais il est déjà atteint. La libération, la pleine conscience, le Nirvana, nous y sommes déjà, c'est notre état naturel. Je privilégie ici la technique de concentration sur le corps, avec la posture, la respiration et l'énergie de Vie qui circule, l'observation neutre des pensées.

Préparatifs

Une marche, des étirements, des sautillements pour relâcher les tensions sont toujours bénéfiques avant une période où l'on est assis et immobile.

La posture

Un subtil dosage d'assise stable, le dos droit et pourtant détendu et confortable. Au cours de cette étape, qui peut prendre plusieurs minutes, on entre dans le processus d'attention à soi, on se retire petit à petit des stimulations extérieures.

Il va s'agir de bien s'enraciner dans cette posture, les jambes étant comme les racines profondes d'un arbre. Il faut de la stabilité, une base solide, mais sans crispation. L'arbre, le rocher, la montagne sont de bonnes images. Les épaules sont relâchées, les mains, posées sur les cuisses ou croisées.

À l'aide de la respiration, tout en douceur, mais méthodiquement, on relâche les tensions de la tête aux pieds, on les envoie en douceur dans la terre. On s'installe dans sa posture, dans cette présence. Ce n'est pas une image, mais une réelle sensation physique du corps tout entier. Le temps n'a plus d'importance, cet instant est sacré.

Les yeux sont fermés ou entrouverts, dirigés au sol à environ un mètre de soi.

L'attitude

Bien installé dans le présent, j'apprécie cet instant unique de rencontre avec ma propre divinité autant qu'avec mon humanité. Avec un sourire intérieur, une douce bienveillance à mon égard. J'apprécie cette sensation physique de vitalité dans tous mes membres, dans tout mon corps. Plus je suis installé dans cette présence à mon corps et moins les pensées auront de place et de vigueur. La méditation est aussi une expérience physique.

La respiration

Qu'on s'en préoccupe ou pas, la respiration se fait. Bien installé dans sa posture, on observe, sans la modifier, sa respiration.

Elle devient alors naturellement plus pleine, plus ample; elle prend tout l'espace de notre corps et bien plus encore. La Vie respire en nous.

Nous sommes les témoins émerveillés de ce miracle. On devient la respiration, on devient ce flux d'énergie qui va et vient. On devient la Vie qui respire en nous. À chaque respiration, c'est l'univers entier qui respire.

Je deviens entièrement PRÉSENT à cette respiration, à cette Vie qui vibre dans chacune de mes cellules, à l'intérieur de moi comme tout autour de moi. Silencieux, ouvert, en paix.

Les pensées

Qu'on s'en préoccupe ou pas, notre cerveau produit des pensées, les associe, les combine, les multiplie... dans un tourbillon sans fin. S'y opposer est une bataille perdue d'avance.

Comme des oiseaux dans un ciel bleu, les pensées surgissent, virevoltent, s'en vont. À condition de ne pas les suivre, de ne pas les nourrir. On est là au cœur de l'action ; de la non-action, en fait.

On les regarde, sans les nommer, sans faire d'associations d'idées. On les regarde tout simplement. On est là, complètement présent à notre posture, à notre respiration, et on voit les oiseaux. Comme ils sont arrivés, ils s'en iront, ce n'est qu'une question de temps. Et de pratique.

Surtout, ne pas se battre ; ce n'est qu'un jeu après tout.

Les émotions

Si on peut espérer maîtriser un tant soit peu sa posture et le déferlement des pensées, il est impossible de maîtriser une émotion.

Quand elle se présente, on la reconnaît pour ce qu'elle est, sans la nier ou essayer de la refouler, quelle que soit son intensité. Du courage et de la compassion.

On l'accueille dans l'espace du cœur, sans crainte. En même temps, on se concentre sur sa posture, sur l'énergie de Vie qui vibre dans tout notre corps. Avec la respiration, on nourrit le hara. Si on est présent à son corps et que les pensées sont calmes, l'émotion va perdre de son intensité d'elle-même.

Patience, présence, calme, confiance, douceur.

conclusion

Apprends bien les règles. Puis, oublie-les.

Basho

La pratique de la méditation nous ouvre les yeux, les oreilles et le cœur. Elle nous apprend à sentir le vent et l'odeur des nuages. Elle nous enseigne à comprendre, à accueillir les événements et les relations avec amour et sans crainte. À vivre le moment présent, la seule réalité, pour en goûter toute la richesse. Avec la pratique, les sens s'affinent, les antennes sorties captent l'invisible, l'indicible. La vie redevient enfin mystérieuse, magique, pleine de promesses. Elle nous apprend qui nous sommes vraiment et, là, elle trouve tout son sens. Bon voyage !

postface

— Venez jusqu'au bord !

— Nous ne pouvons pas. Nous avons peur.

— Venez jusqu'au bord !

— Nous ne pouvons pas. Nous allons tomber !

— Allez… Venez jusqu'au bord !

Et ils sont allés.

Et ils se sont envolés.

GUILLAUME APOLLINAIRE

VOUS ÊTES PRÊT

Le temps est venu. Une période d'évolution des consciences d'une puissance et d'une vitesse jamais égalées dans l'histoire connue de l'humanité.

Et nous sommes là pour y participer. Et y participer activement. Ça en jette, non ? Nous pouvons, en fait nous sommes déjà en train de le faire, créer un nouveau monde, où certaines des valeurs habituellement acceptées comme normales n'auront plus cours désormais. La tyrannie de la peur et du manque a fait son temps. Pour aborder ce nouveau paradigme – ce nouveau paradis –, il n'est pas nécessaire d'acquérir de nouvelles connaissances. Il suffit de lâcher prise et de faire confiance. Faire confiance à son ressenti, le cœur ouvert, accueillir les nouvelles fréquences, les nouvelles vibrations qui sont dans l'air. Il suffit de respirer l'air du temps en conscience, avec confiance.

Cette envie de liberté, de fraîcheur, ce besoin d'être authentique et vrai dans nos rapports humains. Cette envie irrépressible de plus de légèreté dans nos vies professionnelle comme familiale. Ce désir d'accomplir, enfin, notre vraie destinée. C'est LE moment. Tout est là. Dans chacun de vos choix, même les plus insignifiants, vous pouvez participer activement à votre futur et à celui du monde.

Ne vous prenez pas la tête, rêvez, faites de la place pour vos rêves dans votre cœur et votre vie. Faites vos demandes à l'Univers. Ne laissez pas les peureux vous pomper votre énergie vitale et vous retenir. Affirmez votre identité, vos désirs profonds, prenez la place qui vous est due. Il est grand temps de vous rappeler votre filiation divine.

Vous êtes un être unique, avec un potentiel et une énergie créatrice illimités. Vous êtes venu sur cette terre pour les expérimenter. N'attendez plus. Vous allez voir des opportunités arriver, des coïncidences se produire en quantités franchement pas raisonnables. Saisissez-les. Oui, l'Univers vous écoute quand vous faites des choix qui viennent du fond du cœur. Oui, il vous répond.

Chaque fois que vous répondrez à l'appel de votre cœur et que vous saisirez les cadeaux de la vie, votre confiance va augmenter, ainsi que votre taux vibratoire. Comme une radio, vos antennes se déploieront plus haut et capteront de plus en plus de fréquences et d'informations. Vous êtes connecté. Pensez grand, l'Univers est illimité, comme vous. Contrairement à ce que certains peuvent vous dire, il y a assez de tout pour tous.

Réveillez-vous ! Lâchez vos peurs, faites confiance. Délaissez vos doutes : que vous ont-ils apporté jusqu'ici, si ce n'est de passer à côté de votre potentiel ? Tout cet amour et cette énergie gardés au tréfonds de vous, distribuez-les généreusement. Faites taire la culpabilité, la honte, les soucis, les regrets, la confusion, ils n'ont plus leur place dans votre nouvelle réalité. Alignez votre cœur au cœur même de l'Univers, et grandissez. Aimez ce que vous êtes. Guérissez et prospérez. Vous êtes magnifique ! Acceptez-le, acceptez votre grandeur. N'y résistez plus, cela vous prend tellement d'énergie. Vous sentez toute cette fatigue ? C'est juste cette constante résistance qui vous tient en retrait de votre propre pouvoir. Se retenir fait partie du passé, du vieux paradigme de la peur. Ce temps est révolu, le monde a un urgent besoin de votre lumière. À chaque pas que vous faites en direction de la lumière, même le plus petit, vous ouvrez la voie aux autres. Croyez-moi, vous êtes prêt !

bibliographie

Marie-Noëlle Anderson, *44 stratégies pour bien gérer sa vie*, Recto Verso.

Pema Chödrön, *Entrer en amitié avec soi-même*, La Table Ronde.

Deepak Chopra, *Les sept lois spirituelles du succès*, Le Rocher.

Arnaud Desjardins, *Approches de la méditation*, La Table Ronde.

Paul Ferrini, *La route vers nulle part*, Ada.

Jon Kabat-Zinn, *Où tu vas, tu es*, JC Lattès.

Antoine Marcel, *Traité de la cabane solitaire*, Arléa.

Christiane Singer, *Où cours-tu, ne sais-tu pas que le ciel est en toi?*, Albin Michel.

Shunryu Suzuki, *Esprit zen, esprit neuf*, Seuil.

Eckhart TOLLE, *Le pouvoir du moment présent*, Ariane.

Neale Donald WALSH, *Conversations avec Dieu*, tome 1, Ariane.

sommaire

Achevé d'imprimer
sur les presses de
Imprimerie H.L.N.
Imprimé au Canada - Printed in Canada